W0179917

Sabine Seyffert
Meine Insel der Stille

In neuer Rechtschreibung

1. Auflage 2001
© Edition Bücherbär im Arena Verlag GmbH, Würzburg 2001
Alle Rechte vorbehalten
Einband und Illustrationen: Friederike Spengler
Gesamtherstellung: Westermann Druck Zwickau GmbH
ISBN 3-401-07863-1

Sabine Seyffert

Meine Insel der Stille

Entspannungsgeschichten für Zappelkinder

Mit Illustrationen von
Friederike Spengler

Inhalt

Ruhig und konzentriert geht's garantiert!
Entspannungsgeschichten für mehr Mut und für bessere Konzentration

Komm mit ins Märchenland
Entspannungsgeschichten für mehr Kreativität

Vorwort

Liebe Leserin und lieber Leser,

dieses Buch enthält eine ganze Reihe neuer, schöner Entspannungsgeschichten für Kinder ab etwa vier Jahren. Diese Geschichten sind grundsätzlich für alle Kinder geeignet – insbesondere auch für diejenigen, die noch keinerlei Erfahrung mit solchen Geschichten haben.

Im ersten Kapitel geht es um alltägliche Situationen, die jedem Kind vertraut sind, wie beispielsweise eine Geburtstagsfeier, eine Urlaubsreise oder ein Nachmittag im Zoo.

Die Geschichten im zweiten Kapitel verhelfen den Kindern zu mehr Mut und einer besseren Konzentration. Von daher sind diese Entspannungsgeschichten ganz besonders für Kinder zu empfehlen, die in der Schule Schwierigkeiten haben oder sich von Mitschülern zu leicht ablenken lassen. Natürlich können auch jüngere Kinder diese Geschichten genießen!

Im dritten Kapitel geht es um das unerschöpfliche Reich der Phantasie und Kreativität. Gerade in unserer heutigen Zeit finden Kinder immer weniger Zeit zum Träumen. Das Träumen und die reichen Phantasien der Kinder haben keinen großen Stellenwert in unserer Gesellschaft. Ganz im Gegenteil, oft werden Kinder gemahnt: »Hör auf zu träumen und sieh zu, dass du die Hausaufgaben fertig kriegst!« Ich möchte den Kindern mit diesen Geschichten die Zeit und Möglichkeit geben, ganz bewusst ins Land der Phantasie zu reisen, sich bunte Bilder zu schaffen und eine Welt, wie sie ihnen gefällt!

Je geübter die Kinder sind und je mehr Erfahrungen sie mit solchen Geschichten gemacht haben, desto leichter wird es ihnen fallen, sich darauf
einzulassen und die Strapazen des Tages hinter sich zu lassen!
In diesem Sinne wünsche ich Ihnen und vor allen Dingen Ihren Kindern
mit diesem Band viele wundervolle, besinnliche und natürlich ganz har-
monische Momente . . .
Mit den besten Wünschen für einen gelasseneren Alltag,

Ihre
Sabine Seyffert

Ein Wort an die Kinder

Liebe Zappelliese, lieber Zappelphillip,

sicherlich hast auch du manchmal das seltsame Gefühl, als hättest du »Hummeln im Hintern«, die unentwegt hin- und hersummen und keine Ruhe finden. Das macht dich ganz furchtbar kribbelig, hibbelig und unruhig . . .

Und so passiert es immer wieder, dass du dich nicht konzentrieren kannst. Du hast keine Ruhe richtig zuzuhören, wenn dir jemand etwas erklärt. Es fällt dir schwer, länger stillzusitzen, um Hausaufgaben zu machen oder zu lernen. Immer spürst du dieses lästige Kribbeln in dir und du weißt überhaupt nicht, was du dagegen tun kannst!

Ich kann deine Unruhe zwar nicht wegzaubern. Aber ich kann dir ein paar Dinge zeigen, mit denen du es schaffen wirst, ruhiger und gelassener zu werden. Damit dich die Hummeln endlich in Ruhe lassen!

Überleg doch mal, wie dein Alltag so aussieht: Wie wachst du morgens auf? Hast du genug Zeit, um dich in aller Ruhe im Bad zu waschen, dich anzuziehen, deine Sachen zu packen und auch noch ganz gemütlich zu frühstücken, bevor du in den Kindergarten oder in die Schule gehst? Oder geht es auch schon am Morgen hektisch zu, weil du nicht genug Zeit hast?

Wie geht dein Tag dann weiter: Meist ist auch im Kindergarten oder in der Schule eine ganze Menge los. Kannst du im Kindergarten oder der Schule genug Pausen machen ? Kannst du dich in eine ruhige Ecke zurückziehen, wenn dir danach ist? Mittags geht das hektische Treiben dann oft weiter. Erst schnell nach Hause, weil das Mittagessen fertig ist, und anschließend gibt es schon wieder etwas zu tun: Schwimmunterricht, Musikschule, Turnen, eine Geburtstagsfeier oder einkaufen gehen, eine Freundin besuchen . . . Vielleicht ist dir all das manchmal ein bisschen viel. So als ob du kaum noch zum Luftholen kommst.

Vielleicht kannst du ja mal mit jemand, den du gern magst, überlegen, was sich an deinem Alltag ändern lässt. Wie könnt ihr deinen Tag entspannter gestalten, sodass dir mehr Zeit für dich und vor allen Dingen für ausreichend Pause bleibt? Schlag doch für das nächste Wochenende mal eine Art Familienkonferenz vor. Konferenzen und wichtige Besprechungen kennst du sicher aus dem Kindergarten und der Schule. Da setzt man sich zusammen, um in aller Ruhe wichtige Sachen zu besprechen. So könntest du mit deiner Familie besprechen, was ihr ändern könnt und wie mehr Gelassenheit in euer Zusammenleben kommt. Davon würden sicher alle profitieren!

Sicher möchtest du wie alle Kinder gern toben, klettern, laufen oder einfach nur zu tanzen. Doch vielleicht reicht dazu der Platz in eurer Wohnung oder im Klassenzimmer nicht aus und du kommst nicht dazu, dich ausgiebig zu bewegen. Das kann auch ein Grund dafür sein, dass du oft unruhig bist.

Versuche einfach einmal am Tag daran zu denken, dass du dich genug bewegst. Vielleicht liegt ein Park, ein Spielplatz oder ein Wald direkt in deiner Nähe, wo du etwas Rollschuhlaufen, Radfahren oder mal richtig Fußballspielen kannst. Davon abgesehen tut auch die frische Luft sehr gut. Und nach einer halben Stunde geht es dir sicherlich schon wieder viel besser und du fühlst dich endlich ruhig und ausgeglichen!

Genauso wichtig ist es, dass du an dich und deinen Körper denkst.

Nur wenn du gesund bist, geht es dir richtig gut. Deshalb solltest du gut auf deinen Körper Acht geben und ihn pflegen.

Das heißt nicht nur, dass du dir täglich die Zähne putzt und dich wäschst. Du solltest deinem Körper auch Pausen gönnen, denn in diesen Pausen tankt dein Körper Kraft.

Dabei möchte ich dir mit meinen Entspannungsgeschichten helfen. Sie sind ein wenig anders als die Geschichten, die du schon aus Bilderbüchern oder Vorlesebüchern kennst. Diese Geschichten helfen dir ganz gezielt zur Ruhe zu kommen, zu entspannen und für eine Weile zu träumen. Für diese »Traumstunden«, die du dir mindestens einmal am Tag gönnen solltest, musst du noch ein paar Kleinigkeiten beachten, damit du auch Erfolg hast:

◆ Nimm dir für die Geschichten ausreichend Zeit. Mal eben schnell zwischen »Tür und Angel«, wie die Erwachsenen sagen würden, funktioniert es nicht. Schließlich willst du dir und deinem Körper etwas Zeit und Ruhe gönnen und dir nicht noch mehr Stress aufhalsen!

◆ Mach es dir in aller Ruhe gemütlich und versuche eine nette Atmosphäre zu schaffen. Mit grellem Licht auf einem mit Spielzeug und Kekskrümel beladenen Zimmerboden, wirst du es kaum schaffen, dich richtig wohl zu fühlen!

◆ Hol dir eine schöne, warme Decke, auf die du dich hinlegen kannst, ein kleines Kissen für deinen Kopf und schalte eine Lichterkette ein. Diese macht schönes, warmes Licht, was nicht zu hell und aber auch nicht zu dunkel ist! Vielleicht hast du ja auch eine Duftlampe, die du mit einem gut riechenden ätherischen Öl beträufeln kannst, oder dein Lieblingskuscheltier, was auf keinen Fall auf der Decke fehlen darf. Wichtig ist, dass du dich rundherum wohl fühlst und dich nichts mehr stört!

◆ Sage allen Bescheid, dass du für eine bestimmte Zeit nicht gestört werden willst, und bastele ein entsprechendes Türschild, damit alle wissen, dass du jetzt nicht zu sprechen bist. Wie wäre es mit einer roten Ampel, einem großen »STOP«-Schild oder einer Gewitterwolke, auf der ein großer Blitz zu sehen ist?

◆ Wenn dir gerade sehr viele Gedanken im Kopf herumschwirren, nimm dir erst einmal ein paar Minuten Zeit, um in Ruhe darüber nachzudenken. Du kannst dies einfach in Gedanken tun, jemandem davon erzählen oder die Gedanken einfach aufschreiben, damit du sie nicht vergisst, den Kopf aber für eine Geschichte vollkommen frei und »leer « hast!

◆ Sicherlich ist es anfangs sehr hilfreich und wunderschön, wenn dir jemand die Entspannungsgeschichten vorliest. Aber mit der Zeit solltest du auch lernen, dir die Geschichten selbst vorzustellen. So könntest du beispielsweise die dir bekannten Geschichten, die dir gut gefallen haben, mit geschlossenen Augen nachträumen, daran denken und sie sogar nach ganz eigenen Vorstellungen und Wünschen weiterträumen . . .

Entspannung – wie geht das?

Jetzt weißt du fast alles, was für die Entspannungsgeschichten wichtig ist. Bevor es richtig mit den Geschichten losgeht, solltest du jedoch noch wissen, dass man die Geschichten nicht einfach auf dem Sofa hört, sondern am besten eine Übungshaltung einnimmt, die ich dir hier näher erklären möchte:

Lege dich der Länge nach mit dem Rücken auf eine Matte, einen Teppich oder eine am Boden liegende Decke. Deine Arme liegen rechts und links an deinem Körper und deine Hände sind geöffnet. So, dass deine Handinnenflächen zum Boden zeigen und den Kontakt zur Decke, Matte o.ä. haben. Deine Fußspitzen fallen leicht auseinander – das passiert ganz automatisch, wenn du so liegst, – und deine Augen sind geschlossen. Das mag dir am Anfang sehr schwer fallen. Aber du wirst merken, dass du dir die Geschichten mit geschlossenen Augen viel besser, bunter und lebendiger vorstellen kannst, als wenn du mit geöffneten Augen im Raum umhersiehst!

Bevor die Geschichte beginnt, solltest du dir noch eine Minuten Zeit nehmen, um deinen Körper zu spüren. Fühle zuerst, wie dein Körper auf dem Boden liegt, und dann horch eine Weile in dich hinein, ob dich auch wirklich nichts mehr stört, dich einengt, zwickt oder gar drückt. Und wenn du dich dann wirklich rundherum wohl fühlst, kannst du mit der Geschichte beginnen!

Nach jeder Geschichte, das ist ganz wichtig, musst du deinen Körper wieder wecken, damit er munter wird. Atme ein paar Mal ganz tief in deinen Bauch hinein, so als wolltest du einen großen Ballon aufpusten. Dazu darfst du die Luft geräuschvoll nach draußen blasen. Dann recke und strecke dich, als wärst du ein großer Riese. Ganz nach oben!

Dieses »Wecken«, was man im Bereich der Entspannung auch als so genanntes »Zurücknehmen« bezeichnet, ist enorm wichtig. Denn dadurch, dass sich dein Körper mit all seinen Funktionen und Organen während der Geschichte ganz entspannt, muss er anschließend eben wieder geweckt werden, damit er richtig funktioniert. Machst du das nicht, kann es dir passieren, dass du dich im Anschluss müde und schlapp fühlst oder es dir auch ein bisschen schwindelig wird.

Achtung!

Übst du unmittelbar vor dem Schlafengehen oder möchtest du mit Hilfe einer Geschichte einschlafen, brauchst du deinen Körper am Schluss natürlich nicht wieder zu wecken. Denn schließlich möchtest du ja dann in Ruhe schlafen und nicht wieder topfit im Bett sitzen!

Noch ein kleiner Tipp, bevor es endlich losgeht:

Die Geschichten helfen dir am besten dann, wenn du selber das Gefühl hast, müde und erschöpft zu sein. Beispielsweise nach einem langen Kindergartentag, nach dem Mittagessen, vor den Hausaufgaben, vor einem Wettkampf, einem Kindergeburtstag oder wenn man für etwas anderes ganz fit und wach sein muss.

Bei uns ist immer etwas los

Entspannungsgeschichten für den Alltag

Heut feiern wir Geburtstag

Wenn du nun deine Augen schließt, stelle dir doch mal vor, heute ist dein Geburtstag. Du hast dich schon lange auf diesen Tag gefreut. Schließlich ist ein Geburtstag immer etwas ganz Besonderes. Und so wirst du heute Morgen mit einem tollen Geburtstagslied geweckt . . .
Wenn das Lied zu Ende ist, reibst du dir lächelnd den Schlaf aus den Augen, reckst dich kräftig und springst gut gelaunt aus dem Bett. Deine Eltern (und Geschwister) gratulieren dir ganz herzlich und von jedem bekommst du einen dicken Geburtstagskuss . . .
Dann darfst du endlich ins Wohnzimmer. Dort ist es noch recht dunkel, aber auf dem gedeckten Tisch steht ein selbst gebackener Schokoladenkuchen mit vielen Kerzen drauf, die das Zimmer erhellen. Mama und Papa halten beide Wunderkerzen in den Händen. Es sieht aus, als würden viele Sterne für dich funkeln! Und über dem Tisch hängen bunte Luftballons, Luftschlangen und Girlanden. Wie toll das aussieht . . .

Da entdeckst du auch ein Geschenk für dich. Es ist mit buntem Papier verpackt und eine riesige Schleife ist darum gebunden. Vorsichtig bindest du die Schleife ab und öffnest das Geschenk . . .
Super, ganz genau das hast du dir schon so lang gewünscht!

Schließlich frühstückt ihr zusammen. Du bekommst ein extra großes Stück Schokoladenkuchen und dazu gibt's eine Tasse warmen Kakao. Lecker . . .

Nach dem Frühstück spielst du mit deinem neuen Geschenk und freust dich schon sehr auf den Nachmittag. Denn dann kommen deine Freunde, die du zum Geburtstagsfeiern eingeladen hast . . .

Im Nu ist die Zeit um und die ersten Gäste kommen. Du bekommst von jedem eine Kleinigkeit geschenkt und dann beginnt das Feiern. Als Erstes spielt ihr Topfschlagen. Jeder kommt dran und darf sich mit einem Holzlöffel auf die Suche nach dem Topf machen, unter dem ein dickes, süßes Gummibärchen liegt . . .

Anschließend spielt ihr Sackhüpfen. Puh, das ist ganz schön anstrengend. Mit ganzer Kraft hüpfst du in deinem riesigen Sack bis zur Ziellinie – klasse, geschafft!!!

Zu guter Letzt holt Mama den Schminkkasten und Sachen zum Verkleiden. Bunt geschminkt wie die Indianer tanzen alle vergnügt durch das Kinderzimmer. Ihr singt dabei, klatscht in die Hände und freut euch . . .

Am Abend liegst du ganz müde im Bett . . . Ganz ruhig und entspannt bist du nun und du genießt die Ruhe, die inzwischen wieder eingekehrt ist. Es war ein sehr anstrengender, aber wunderschöner Tag. Du musst an die tollen Geschenke, den netten Besuch und an all die tollen Spiele denken, die ihr zusammen gemacht habt . . .

Und da spürst du schließlich, wie schwer deine Arme und Beine vom vielen Herumtoben sind . . . Ganz schwer und entspannt liegst du in deinem Bett . . . Die kuschelige Decke wärmt deinen Körper . . . Du spürst, wie die Wärme durch deinen Körper hindurchströmt . . . Dabei fühlst du dich ganz sicher und geborgen . . .

Und du freust dich jetzt schon auf deinen nächsten Geburtstag . . .

Ein paar Ideen: Lass uns noch etwas zusammen machen!

 Male ein buntes Bild zu der Geschichte. Wenn du magst, kannst du buntes Konfetti oder einige Streusterne darauf kleben, dann sieht es richtig nach Geburtstag aus!

 Hast du ein paar Luftschlangen zu Hause? Dann puste mal einige zu langen Girlanden und achte dabei auf deinen Atem. Anschließend fühlst du dich garantiert wieder frisch und munter, weil dein Körper durch das Pusten viel neuen Sauerstoff aufnehmen konnte!

 Kennst du Mandalas? Dann lege doch aus buntem Konfetti, Glasmurmeln, Muscheln, Steinchen, Gummibärchen oder Schokolinsen ein tolles Geburtstagsmandala. Vielleicht kannst du das im Anschluss sogar fotografieren als kleines Andenken an diese Entspannungsgeschichte!

Auf dem Spielplatz

Schließe nun deine Augen und stell dir vor, es ist Samstag! Du hast heute nichts vor. Und da die Sonne heute Morgen besonders hell und warm scheint, ziehst du dich schnell an und gehst nach draußen. Gemütlich schlenderst du deines Weges . . .

Während du in aller Ruhe eine kleine Runde um die Häuser drehst, bekommst du Lust, am Spielplatz vorbeizugehen. Schon von weitem hörst du das fröhliche Treiben der Kinder, die schon auf dem Spielplatz sind und gemeinsam dort spielen. Lustig vor dich hin pfeifend, läufst du durch das Tor, hinter dem der Spielplatz liegt . . .

Als Erstes entdeckst du deine beste Freundin (deinen besten Freund – oder man könnte auch direkt den Namen des befreundeten Kindes einsetzen), die (der) im Sandkasten sitzt und eine tolle Sandburg baut. Du läufst zum Sandkasten und hilfst beim Bauen mit. Das macht vielleicht Spaß. Immer mehr Sand türmt ihr zu vielen schiefen Burgzinnen. Richtig abenteuerlich sieht diese Burg aus.
Um sie noch weiter zu verzieren, macht ihr euch auf die Suche nach kleinen Steinen, Stöckchen, Blättern und anderen Dingen, die man auf dem Spielplatz finden kann . . .

Schließlich ist die Burg fertig. Riesengroß und prächtig ragt sie aus dem Sandkasten empor. So eine tolle Burg hat bestimmt noch niemand gebaut, denkst du voller Stolz.

Dann hast du Lust, auf das tolle Klettergerüst zu steigen. Immer höher und höher steigst du die Sprossen hinauf, bis du schließlich oben ange-

langt bist. Wie weit man von hier oben sehen kann. Staunend blickst du dich um . . .

Dann krabbelst du das Klettergerüst weiter entlang, denn ein Stück entfernt, kann man von hier oben eine lange Rutsche hinuntersausen. Das Geklettere ist ganz schön anstrengend, aber es macht viel Spaß! Und so kletterst du weiter und immer weiter . . .

Bis du schließlich an der Rutsche angekommen bist. Und mit Schwung saust du die Rutsche nach unten! Uih, wie das in deinem Bauch kribbelt – ein tolles Gefühl! Und weil dir das Rutschen so großen Spaß gemacht hat, kletterst du gleich noch ein zweites Mal hinauf . . .

Als du wieder unten angekommen bist, schaust du dich um. Was sollst du wohl als Nächstes tun? Vielleicht auf die lustige Schiffschaukel? Oder dort drüben auf das Piratenboot, das sogar ein richtiges Steuerrad zum Drehen hat?

Überleg dir in Ruhe, was du am liebsten auf dem Spielplatz machen möchtest, du hast so viel Zeit, wie du magst . . .

An dieser Stelle ist eine Pause von zwei bis fünf Minuten denkbar, wenn die Kinder es mögen, auch mit leiser meditativer Musik.

Nun hast du genug auf dem Spielplatz herumgetobt. Vom vielen Spielen, Klettern und Rutschen bist du richtig außer Puste. Und um dich ein wenig auszuruhen, suchst du dir ein schönes Plätzchen auf der grünen Wiese . . .

Dort machst du es dir in aller Ruhe gemütlich. Und während du ganz ruhig und entspannt im grünen Gras liegst und in den blauen Himmel hineinschaust, spürst du eine angenehme Schwere in deinem Körper . . .

Ganz schwer liegst du da . . . Besonders deutlich kannst du die Schwere in deinen Armen und Beinen spüren . . .

Die Sonne schickt dir ein paar besonders warme Strahlen. Spür mal, wie sich die warmen Sonnenstrahlen auf deiner Haut anfühlen . . . Ganz warm sind die Sonnenstrahlen und du spürst, wie sich die wohltuende Wärme der Sonne in dir ausbreitet . . . Ganz glücklich und geborgen fühlst du dich . . .

Und während du so daliegst und neue Kraft tankst, träumst du eine Weile vor dich hin . . .

Nun fühlst du dich vollkommen erholt und voller Kraft. Du reckst und streckst dich . . . Und dann machst du dich langsam, aber sicher auf den Weg nach Hause . . .

Ein paar Ideen: Lass uns noch etwas zusammen machen!

 Bestimmt gibt es auch einen schönen Spielplatz in deiner Nähe. Ruf doch einen Freund oder eine Freundin an, mit der/dem du gemeinsam zum Spielplatz gehen und dort spielen kannst! Das macht Spaß und etwas frische Luft kann auch nicht schaden!

 Hol dir einen großen Bogen Tonpapier und klebe oder male darauf einen tollen Spielplatz. Wie sieht der ideale Spielplatz in deinen Träumen aus und was müsste es dort alles geben?

 Hast du aus Sand schon mal etwas anderes gebaut als eine tolle Burg? Wie wär's denn zur Abwechslung mal mit einem tollen Sandauto oder einem kleinen Boot? Sicher fallen dir selber auch gute Ideen ein, was man aus Sand so alles bauen kann!

Wir fahren in Urlaub

Stell dir nun mal vor, es sind Ferien! Und dieses Mal möchte deine Familie in Urlaub fahren. Gut gelaunt und natürlich auch ein bisschen aufgeregt, laufen alle durch die Wohnung und helfen mit die Koffer zu packen.

Auf deinem Bett liegt schon der bunte Kinderkoffer, den Oma dir zu deinem letzten Geburtstag geschenkt hat. Fröhlich gehst du zu deinem Schrank und packst alles, was du zum Anziehen im Urlaub brauchst, in deinen bunten Koffer hinein . . .

Als alle wichtigen Dinge eingepackt sind, holst du deinen kleinen Rucksack. Dahinein packst du dein Lieblingskuscheltier, das natürlich im Urlaub nicht fehlen darf. Außerdem steckst du noch einen Block und Malstifte ein und zu guter Letzt eine Kassette, die du auf der Fahrt im Auto hören kannst.

Inzwischen sind auch alle anderen fertig mit Kofferpacken. An der Haustür steht sogar ein großer Korb, in dem eine Flasche Saft, Brötchen und etwas Obst sind. Als Proviant für die Fahrt.

Nun kann es endlich losgehen. Der Motor des Autos brummt und dann fährt es los. Du hast es dir auf dem Rücksitz gemütlich gemacht und blätterst in einem Buch. Nach einer Weile legst du es zur Seite und schaust aus dem Fenster. Du siehst dir alles ganz genau an . . .

Nach einer langen Autofahrt seid ihr endlich am Ziel. Fröhlich schnallst du dich ab und springst aus dem Auto. »Juhuu! Urlaub, wir sind im Urlaub!«, rufst du lachend und hilfst dabei, das Gepäck ins Haus zu tragen. Uff, sind die Sachen vielleicht schwer !

Als alles Gepäck aus dem Auto geräumt ist, gehst du wieder nach drau-

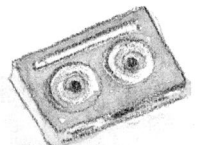

ßen. Schließlich bist du ganz neugierig und möchtest dir die Gegend hier näher ansehen. Mit großen Augen drehst du eine kleine Runde. Dabei schaust du dir alles ganz genau an. Was es hier alles zu sehen gibt, toll! Es sieht ganz anders aus als zu Hause . . .

Nachdem du eine ganze Weile an deinem Urlaubsort umherspaziert bist, kommst du an eine kleine Wiese. Hier ist es ganz ruhig und still. Und da dir die Wiese gut gefällt, machst du es dir hier ganz bequem . . .

Gemütlich und ganz entspannt liegst du im grünen Gras und genießt die Ruhe um dich herum . . . Das tut vielleicht gut. Vor allen Dingen ist es schön, mal richtig Zeit zu haben, für die Dinge, die du gerne tust. Und auch mal einen Moment nur dazuliegen und vor sich hin zu träumen . . .
Während du daliegst, spürst du eine angenehme Schwere in deinem Körper . . . Besonders schwer fühlen sich deine Arme und Beine an . . . Ganz schwer und entspannt liegen sie auf der Wiese . . .
Dann spürst du mit einem Mal die Wärme der Sonne. Ganz deutlich fühlst du sie. Hm, wie gut dir die Wärme tut. Es ist, als würde mit der Wärme auch wieder neue Kraft in dir fließen . . . Die Wärme strömt durch deinen ganzen Körper hindurch . . .
Du fühlst dich rundherum glücklich und ganz geborgen . . .

Nach einer Weile stehst du wieder auf, weil dein Magen knurrt und du inzwischen ganz schön hungrig bist. Das wird bestimmt ein ganz toller Urlaub, denkst du. Und so hüpfst du froh und munter den Weg entlang, zurück zu eurer Ferienwohnung . . .

Ein paar Ideen: Lass uns noch etwas zusammen machen!

 Hast du Lust, dir ein Fotoalbum anzusehen, in dem Bilder vom letzten Familienurlaub eingeklebt sind? Das weckt schöne Erinnerungen und macht Lust auf den nächsten Urlaub!

 Wo würdest du am liebsten Urlaub machen? Hol dir einen Bogen bunten Tonkarton und klebe mit Hilfe von Sand, Muscheln, Blättern, Zeitungsausschnitten, buntem Seidenpapier ein Bild zu deinem Traumurlaub darauf. Wenn du lieber magst, kannst du natürlich auch mit Stiften, Wasserfarben oder Kreide ein Bild malen!

Heute geh ich in den Zoo

Schließe nun deine Augen und stell dir einmal vor, es ist ein wunderschöner Tag! Der Himmel ist wunderschön blau und die Sonne scheint ganz warm. An so einem Tag macht es großen Spaß, in den Zoo zu gehen. Und so packst du dir einen Rucksack mit etwas zum Trinken, ein paar Erdnüssen und einer Banane. Dann geht es los . . .

Als du am Zoo angekommen bist, hörst du schon am Eingang die Seehunde. Machen die vielleicht Krach! Bestimmt haben sie großen Hunger. Und so gehst du als Erstes zu dem großen Becken, in dem die Seelöwen zu Hause sind . . .
Du hast Glück, denn als du dort ankommst, werden die Seelöwen gerade gefüttert. Schnell wie der Blitz jagen die hungrigen Seelöwen hinter den Fischen her, die der Zoowärter ihnen ins Wasser wirft. Ein Fisch fliegt genau in deine Richtung. Als der große, dicke Seelöwe hinter dem Fisch herspringt, spritzt das Wasser ganz hoch. Auch du bist dabei ein bisschen nass geworden. Lachend wischst du dir mit der Hand die Wasserspritzer aus dem Gesicht . . .

Als die Seelöwen schließlich alle Fische aufgefressen haben, gehst du weiter zu den Pinguinen. Die Pinguine watscheln munter umher. Ein kleiner Pinguin steht noch ganz wackelig auf seinen kleinen Beinen. Und weil er unbedingt hinter den anderen Pinguinen herwollte, hat er nicht bemerkt, dass der Felsen im Wasser an dieser Stelle nicht weiterging. Und mit einem Plumps landet der kleine Pinguin im Wasser. Du und die anderen Kinder, die den Pinguin beobachtet haben, lachen. Es sah aber auch zu

komisch aus. »Komm wir spielen Pinguin!«, ruft eines der Kinder. Und schon watschelt ihr alle wie der kleine Pinguin umher. Das macht vielleicht Spaß . . .

Als Nächstes gehst du zum Affenhaus. In einem Käfig sind zwei kleine Affen, die miteinander raufen. Immer wieder ziehen sich die beiden kleinen Tiere gegenseitig am Schwanz. Du beobachtest die zwei dabei und setzt dich dazu auf eine Bank . . .

Nun haben die beiden kleinen Affen genug. Anscheinend haben sie Hunger. Und so hocken sich die beiden Äffchen auf einen Ast und essen jeder eine Banane. »Wisst ihr, was. Ich werde euch beim Essen etwas Gesellschaft leisten!«, sagst du und holst dir auch deine Banane aus dem Rucksack. Die beiden Affen beobachten dich gespannt und scheinen sich zu freuen, dass auch du Bananen magst!

Nachdem du die Banane gegessen hast, holst du die Tüte mit den Erdnüssen heraus. Du knackst die Schale und pulst die Nuss heraus.

Mit einem Mal entdeckst du die beiden kleinen Affen, wie sie neugierig am Gitter stehen und ihre Arme in deine Richtung ausstrecken.

»Na, ihr zwei?«, sagst du. »Mögt ihr auch eine Erdnuss?« Vorsichtig reichst du jedem Affen eine Nuss, die die beiden auch gleich ganz flink knacken.

»Wie geschickt ihr seid!«, lobst du die beiden und verabschiedest dich von ihnen. Gegenüber vom Affenhaus ist das Bärengehege. Der dicke braune Bär liegt gemütlich über einem riesigen Baumstamm und lässt sich die Sonne auf den Pelz scheinen.

Gar keine schlechte Idee, denkst du und legst dich der Länge nach auf die Bank. Von dort aus kannst du den Bären gut beobachten . . .

Das tut vielleicht gut! Ganz ruhig und entspannt liegst du da . . . Dein Körper fühlt sich müde und schwer an. Ganz schwer liegst du auf der Bank.

Spür einmal, wie schwer sich deine Arme und Beine von deinem langen Spaziergang durch den Zoo anfühlen . . . So schwer wie die Tatzen von dem Bären . . .

Die Sonne, die vom Himmel herabscheint, wärmt dich . . . Wohlig warm ist es dir und du spürst, wie sich die angenehme Wärme in deinem Körper ausbreitet . . .

Und so liegst du eine Zeit lang da und schaust dem Bären zu, der ebenso faul daliegt und es sich gut gehen lässt . . .

Langsam ist es Zeit, wieder nach Hause zurückzugehen. Du stehst auf und machst dich gemütlich auf den Heimweg. Dabei ahmst du die Tiere nach, die du im Zoo gesehen hast: Mal watschelst du daher wie die Enten im See, dann galoppierst du wie die kleinen Ponys und dann spazierst du mit schweren, gemütlichen Schritten die Stufen zum Haus hinauf, als wärst du ein lieber, grauer Elefant . . .

Ein paar Ideen: Lass uns noch etwas zusammen machen!

 Welche Tiere hast du schon mal im Zoo gesehen? Versuche sie mal nachzumachen. Wenn du Lust hast, kannst du dich dazu verkleiden oder schminken! Vielleicht hast du ja die Kassette »Der Karneval der Tiere«. Dann hast du sogar die passende Musik zu jedem Tier!

 Hast du heute schon was vor? Wie wäre es mit einem Besuch im Zoo? Sicher hat eine Freundin oder ein Freund Lust, mitzukommen, was meinst du?

Wir wandern durch den Wald

Stell dir vor, es ist heute ein wunderschöner Herbsttag! Der blaue Himmel und der Sonnenschein locken dich nach draußen. Und so nimmst du dir vor einen kleinen Spaziergang durch den Wald zu machen . . .

Du bummelst gemütlich durch den freundlichen Wald. Die Blätter der Bäume haben sich bereits verfärbt. Sie leuchten in warmen Farben: helles Gelb, strahlendes Orange bis hin zu tiefen, schönen Rottönen. Schau dir die Farben in aller Ruhe an und lass sie einen Moment auf dich wirken . . .

Viele Blätter hat der Herbstwind schon von den Ästen und Zweigen heruntergeweht. So können die hellen Strahlen der Sonne durch die Baumkronen hindurchfallen. Sie lassen den Wald mit all seinen Bäumen ganz freundlich und einladend wirken . . .

Du schlenderst gut gelaunt durch den Wald und hörst dabei das leise Zwitschern der Vögel, die versteckt in den Baumwipfeln sitzen und ihre Lieder singen. Eine Weile bleibst du stehen und lauschst der zarten Melodie . . .

Als du weitergehst, hörst du das Rascheln der Blätter unter deinen Füßen . . . Es hört sich lustig an und du bekommst Lust auf eine kleine Blätterschlacht. Wie ein kleiner Wirbelwind lässt du die Blätter durch die Luft sausen . . . Lachend flitzt du unter den Blättern her, die sanft zu Boden gleiten . . .
Und noch einmal wirfst du eine Hand voll Blätter nach oben. Wie schön und elegant das aussieht, wenn die Blätter zu Boden fallen. Du beobachtest die Blätter und machst sie nach: Ganz sanft drehst

du dich im Kreis . . . Mal hier hin . . . Mal in die andere Richtung . . . So, als würde ein Windhauch dich auf seinem Atem tanzen lassen . . .

Schließlich hast du genug getanzt. Und da entdeckst du, dass dich ein kleines Eichhörnchen beim Spielen beobachtet hat. Ganz aufmerksam und neugierig blickt es zu dir hinüber. »Hallo!«, begrüßt du das kleine Tier freundlich und mit leiser Stimme, um es nicht zu verschrecken. »Willst du mitspielen?«

Das Eichhörnchen scheint zu überlegen, doch dann hüpft es dir mit einem Satz entgegen. »Kannst du vielleicht weit springen!«, staunst du. Und da das Eichhörnchen schon wieder zu einem Sprung ansetzt, machst du es einfach nach. Gemeinsam übt ihr tolle, weite Sprünge, so als würdet ihr von Ast zu Ast und Baum zu Baum springen. Das macht vielleicht Spaß! Dann klettert das kleine Eichhörnchen einen umgekippten Baumstamm entlang. »Balancieren kann ich auch!«, rufst du fröhlich und gehst Schritt für Schritt auf dem Baumstamm, bis dir seine Wurzeln den Weg versperren. Du drehst um und balancierst ganz geschickt zurück . . .

Vom vielen Spielen und Toben bist du müde geworden. Du entdeckst, dass das kleine Eichhörnchen auf einem weichen Blätterhaufen in der Sonne liegt. »Da hast du ja einen tollen Platz zum Ausruhen gefunden!«, sagst du und kuschelst dich neben das kleine Tier . . .

Ach, wie gut das tut! Du liegst ganz ruhig und entspannt da . . . Dein Körper fühlt sich angenehm schwer an . . . Besonders deutlich fühlst du die Schwere in deinen Armen und Beinen . . . Ganz schwer liegst du da . . . Das Blätterbett wärmt dich und auch die Sonne hüllt dich in ihr warmes Licht . . . Du spürst, wie die Wärme durch deinen Körper hindurchströmt . . . Bis in die Fingerspitzen und sogar in deinen Zehen kannst du die Wärme spüren . . .

Du bemerkst, wie entspannt das Eichhörnchen neben dir liegt. Ganz ruhig und gleichmäßig atmet es ein und aus . . . Ein und aus . . . Genauso ruhig und gleichmäßig atmet es in dir . . .

Nach einer Weile stehst du auf. Es ist Zeit, nach Hause zurückzugehen. Zum Abschied streichelst du dem Eichhörnchen über sein weiches, warmes Fell. »Machs gut! Sicher komme ich dir, schon bald wieder besuchen!«, sagst du und winkst ihm zu.
Dann machst du dich vollkommen erholt auf den Heimweg . . .

Ein paar Ideen: Lass uns noch etwas zusammen machen!

 Hast du Lust einen kleinen Waldspaziergang zu machen? Im Wald kann man allerhand tolle Sachen zum Basteln finden: Blätter, Steinchen, kleine Zweige, Tannenzapfen, ein Stück Baumrinde etc. Daraus könntest du eine Kollage kleben oder kleine »Kunstwerke« gestalten.

 Sicher warst auch du schon mal im Wald. Was konntest du dort für Geräusche hören? Versuche einfach mal diese nachzumachen. Vielleicht hat ja jemand Lust diese Geräusche zu erraten!

Heute regnet's

Schließe nun deine Augen . . . Stell dir vor, du bist in deinem Zimmer und schaust aus dem Fenster! Draußen regnet es in Strömen. Viele kleine Regentropfen klopfen leise an die Fensterscheibe und kullern dort hinunter. Eine Weile beobachtest du die Regentropfen und folgst dem einen oder anderen mit deinem Finger . . .

Schließlich hast du den Regen genug beobachtet. Suchend siehst du dich in deinem Zimmer um . . .

Eigentlich hattest du vor auf den Spielplatz zu gehen. Aber bei solch einem Schmuddelwetter geht das natürlich nicht! Da fällt dein Blick auf die bunte Decke, die Oma dir aus vielen, lustigen Stoffresten zusammengenäht hat. Und da hast du auch schon eine tolle Idee.

Mit der Decke möchtest du eine tolle Bude bauen. Das ist genau das Richtige bei solch einem Wetter: ein trockener, kuscheliger Unterschlupf, in dem man es sich gemütlich machen kann!

Und so holst du dir zwei Stühle und schiebst sie dir so zurecht, dass du die Decke darüber legen kannst. Mit einem Stück Kordel bindest du die Decke noch fest, damit das »Dach« von deinem Unterschlupf nicht vom Regen weggeweht wird!

Jetzt fehlt noch etwas, das deinen Unterschlupf so richtig gemütlich macht. Aus dem Wohnzimmer holst du dir ein paar kleine Kissen und legst auch dein Kopfkissen auf den Boden. In dieses weiche Bett aus Kissen kommt noch dein Lieblingskuscheltier und ein schönes Bilderbuch zum Anschauen. Und um noch etwas mehr Licht in deine Bude zu bekommen, legst du dir eine Lichterkette auf den Boden, prima!

Da kommt Mama ins Zimmer. »Huhu, wo bist du denn?«, ruft sie.

»Such mich doch!«, rufst du zurück und bist mucksmäuschenstill. Dein Lieblingskuscheltier hältst du fest im Arm. Ob Mama dich wohl finden wird?

»Kuckuck!«, flüstert Mama und schaut um die Ecke. »Hier steckst du also! Ein prima Versteck für das nasse Regenwetter da draußen! Richtig gemütlich hast du es hier. Sollen wir was spielen?«

»Oh, ja!«, rufst du begeistert und krabbelst aus deiner Höhle heraus.

»Wie wär's mit einer Kissenschlacht?«, fragt Mama und da fliegt dir das erste Kissen auch schon entgegen. »Hey!«, rufst du und kannst das Kissen gerade noch auffangen, bevor es deinen Bauch getroffen hat. Schnell wirfst du das kleine Kissen zurück.

Das macht vielleicht Spaß! Immer wilder lasst ihr die Kissen durchs Zimmer fliegen. Du bist schon ganz außer Puste!

»Ich kann nicht mehr!«, stöhnt Mama und japst nach Luft. »Magst du einen warmen Kakao zur Stärkung?«

Du nickst ihr stumm zu, denn zum Sprechen fehlt dir die Kraft.

Nachdem ihr zusammen den warmen Kakao getrunken habt, krabbelst du –erschöpft von der wilden Kissenschlacht – in deine Höhle zurück und machst es dir ganz bequem. Gemütlich liegst du auf den vielen Kissen. Dein Kuscheltier liegt still und stumm neben dir. Ganz ruhig und entspannt liegst du da . . . Du spürst, wie schwer deine Arme und Beine von der Kissenschlacht geworden sind . . . Schwer, ganz schwer liegst du da . . . So deutlich hast du die Schwere in deinem Körper noch nie gespürt . . . Die Kissen um dich herum halten dich sicher und geborgen . . . Und da spürst du eine angenehme Wärme in dir . . . Vor allen Dingen dein Bauch ist von dem Kakao strömend warm . . . Lass die Wärme durch deinen ganzen Körper hindurchströmen . . . Das tut gut und schenkt dir neue Kraft . . .

Nimm dir einen Augenblick Zeit, um in aller Ruhe so viel neue Kraft zu sammeln, wie du magst . . .

Schließlich fühlst du dich wieder ganz fit und schaust dir zusammen mit deinem Kuscheltier das Bilderbuch an, das du mit in deinen Unterschlupf genommen hast!

Ein paar Ideen: Lass uns noch etwas zusammen machen!

 Hol dir doch auch ein paar Decken, Kissen, Kuscheltiere und bau dir eine Höhle, in der du dich jederzeit zurückziehen und ausruhen kannst!

 Wie wäre es mit einer Kissenschlacht? Aber mit Kissen kann man auch noch viele andere Spiel machen. Man kann sie zu einem großen Turm stapeln, mit ihnen Fußball spielen und vor allen Dingen ganz herrlich mit ihnen kuscheln . . .

Hurra, es schneit!

Wenn du nun deine Augen schließt, dann stell dir einmal vor, draußen schneit es. Du findest Schnee einfach wunderbar und flitzt gleich los, um dir deinen Schneeanzug überzuziehen . . .

Ganz warm und dick angezogen, gehst du nach draußen. Wie lustig die kleinen Schneeflocken in der Luft herumtanzen und sich drehen . . .
Und als wärst auch du eine zarte, weiße Schneeflocke, drehst du dich im Kreis . . . Segelst sacht durch die Luft . . . Fliegst mal hierhin . . . Und mal dorthin . . . Hui, das macht vielleicht Spaß!

»Hallo!«, hörst du jemand rufen. Als du dich umsiehst, entdeckst du deine Freundin/deinen Freund, die/der am Gartenzaun steht und einen Schlitten dabeihat. »Kommst du mit Schlitten fahren?«, fragt sie/er dich.
»Na klar!«, rufst du begeistert und zusammen bummelt ihr durch die verschneiten Straßen zu dem nahe gelegenen Stadtpark, in dem ein toller Hügel ist, von dem man prima Schlitten fahren kann . . .

Als ihr im Park ankommt, sind schon viele andere Kinder dort. Zur Begrüßung kommt erst einmal ein Schneeball angeflogen. »Das lassen wir uns nicht gefallen!«, sagst du lachend und formst mit deinen warmen Handschuhen einen kleinen Schneeball zum Zurückwerfen! Immer mehr Schneebälle fliegen durch die Luft. Das macht riesigen Spaß und gute Laune, denn dabei können sich alle so wunderbar austoben!

Nachdem euch allen ganz schön die Puste ausgeht, beschließt ihr ein Schlittenrennen zu machen. Alle Kinder ziehen ihre Schlitten auf den Hügel. Dort stellen alle ihre Schlitten nebeneinander auf. Je nachdem, wie groß die Schlitten sind, können auch mehrere Kinder darauf sitzen.

»Auf die Schlitten, fertig, los!«, lautet das Startsignal und schnell wie der Wind sausen deine Freundin/dein Freund und du den Hügel hinab. »Schneller, schneller!«, rufst du und versuchst noch mehr Schwung zu holen. Und tatsächlich, ihr beiden wart die Ersten, die unten angekommen sind. Die anderen Kinder gratulieren euch und so fahrt ihr noch eine ganze Weile mit den anderen um die Wette . . .

Zum Schluss bindet ihr alle Schlitten aneinander und macht eine lange Schneekarawane . . .

Anschließend baut ihr alle zusammen einen riesigen Schneemann. Alle Kinder helfen mit die Kugeln zu rollen. Natürlich bekommt der Schneemann auch Augen, eine Nase und einen lustigen Mund.

Was dem Schneemann nun noch fehlt, ist etwas Gesellschaft. So entschließt ihr euch, dem Schneemann noch eine Schneefrau zu bauen . . .

Langsam wird es dunkel und es ist an der Zeit, nach Hause zu gehen. Du verabschiedest dich von deiner Freundin/deinem Freund und machst dich auf den Heimweg . . .

Zu Hause ziehst du deinen Schneeanzug und die Winterstiefel aus. Dick eingewickelt in eine Decke, machst du es dir an der Heizung bequem. Ganz ruhig und entspannt bist du . . . Du spürst, wie schwer dein Körper ist. Das Spielen im Schnee war ganz schön anstrengend und so fühlst du, wie schwer deine Arme und Beine sind . . . Ganz schwer sind deine Arme und Beine . . . Die Decke hält dich warm und geborgen . . . Die Wärme tut dir gut . . . Besonders deutlich spürst du die Wärme in deinen Armen und Beinen . . . Die wohlige Wärme strömt durch deinen ganzen Körper hindurch . . .

Du fühlst dich rundherum wohl. Und wenn du genug neue Kraft getankt hast, stehst du auf und machst dir Abendbrot . . .

Ein paar Ideen: Lass uns noch etwas zusammen machen!

 Hast du Lust, ein Bild von dem Nachmittag im Schnee zu malen?

 Wenn du Fingerfarben hast, kannst du deine Fenster im Kinderzimmer bemalen: mit einem dicken Schneemann, vielen Schneeflocken, Eiskristallen oder einem tollen Schlitten!

Ruhig und konzentriert geht's garantiert

Entspannungsgeschichten für mehr Mut und bessere Konzentration

Ruhig und konzentriert geht's garantiert

In der letzten Zeit bist du oft sehr unaufmerksam und kannst dich gar nicht richtig auf etwas konzentrieren. Und leider hast du nicht die geringste Ahnung, wie sich das ändern soll . . .

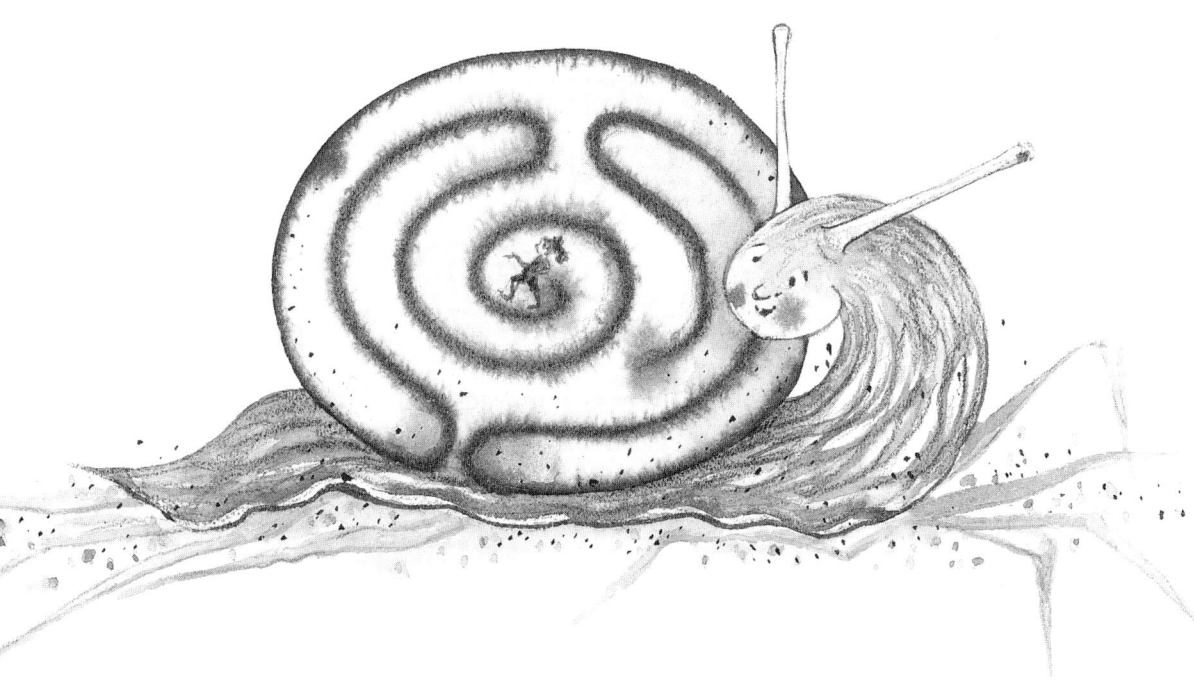

Ruhig und konzentriert geht's garantiert

Schließe doch jetzt einfach mal deine Augen und stell dir vor, du bist auf einer zauberhaften Insel gelandet . . . Es ist die Insel der Stille . . . Nichts, aber auch gar nichts gibt es hier, was einen unruhig machen könnte . . .

Und so machst du dich auch ganz ruhig und vollkommen entspannt auf den Weg, die Insel der Stille näher kennen zu lernen . . .

Als Erstes erklimmst du einen Hügel, der mit grünem Klee und vielen blauen Glockenblumen bewachsen ist. Die Glockenblumen klingeln ganz zart und ihre kleine Melodie lässt dich tief entspannen . . .
Und während du dem leisen Läuten der Blumen zuhörst, scheint es dir, als wollten dir die Glockenblumen den Weg weisen. So trottest du gemütlich in die Richtung, aus der das Blumenläuten zu hören ist . . .

Und schließlich stehst du vor einem kleinen See, an dessen Ufer viele kleine Muscheln liegen. Das Wasser des Sees leuchtet golden, wie eine wunderschöne Sonne . . . Du beschließt, in dem See zu baden, weil du eine kleine Erfrischung gut gebrauchen kannst . . .

Als du mit deinen Füßen das Wasser berührst hörst du den goldenen See leise murmeln: *Ruhig und konzentriert geht's garantiert . . . Ruhig und konzentriert geht's garantiert . . .* Das Wasser hat genau die richtige Temperatur und ist auch nicht tief. Du kannst an jeder Stelle des Sees stehen. Immer wieder hörst du das leise Murmeln des Wasser: *Ruhig und konzentriert geht's garantiert . . . Ruhig und konzentriert geht's garantiert . . .* Und wie von Zauberhand scheint es auch plötzlich ganz tief in dir vollkommen ruhig zu sein . . . Du legst dich auf deinen Rücken und lässt dich vom warmen

Wasser tragen . . . Dabei spürst du eine angenehme Schwere in dir . . .
Ganz schwer sind deine Arme und Beine . . . Schwer, ganz schwer bist
du . . . Und das Wasser trägt dich sicher und umspült deine Haut . . . Wie
gut das tut, denn das Wasser ist wunderbar warm . . . Genau so, wie du es
am liebsten magst . . . Die Wärme des Wassers durchströmt dich . . . Du
fühlst dich rundherum warm und ganz geborgen . . . Doch das Schönste
ist, dass das Raunen des Sees auch tief in dir zu sein scheint. Du fühlst
dich so ruhig und konzentriert wie schon lange Zeit nicht mehr . . . Ganz
ruhig und konzentriert bist du und lauschst dem Wasser, das immerzu
sagt: *Ruhig und konzentriert geht's garantiert . . . Ruhig und konzentriert
geht's garantiert . . .*

Nun schwimmst du zum Ufer. Die warme Sonne trocknet deine Haut, sodass du dich wieder anziehen kannst . . . Dabei geht dir der Zauberspruch
des Wassers einfach nicht aus dem Sinn *Ruhig und konzentriert geht's garantiert . . . Ruhig und konzentriert geht's garantiert . . .* Dabei hebst du eine
der Muscheln auf, die am Ufer liegen. Sie ist leuchtend weiß und scheint
dir neue Kraft zu schenken. So steckst du sie in deine Hosentasche und
nimmst sie als Erinnerung an diesen heutigen Ausflug mit nach Hause . . .

Als du schließlich wieder wohlbehalten zu Hause angekommen bist, holst
du die weiße Muschel aus deiner Hosentasche und legst sie auf den
Schreibtisch (oder bei Kindergartenkindern auf den Kinderzimmer-
tisch/auf die Fensterbank). Unwillkürlich musst du wieder an den goldenen See denken, in dem du auf der Insel der Stille gebadet hast, und an
den Zauberspruch *Ruhig und konzentriert geht's garantiert . . . Ruhig und
konzentriert geht's garantiert . . .* Ganz bestimmt wirst du diesen Spruch
ausprobieren, wenn du wieder einmal unkonzentriert und unaufmerksam bist. Die weiße Muschel wird dich immer daran erinnern . . .

Ein paar Ideen: Lass uns noch etwas zusammen machen!

- Probiere den Spruch unbedingt selber einmal aus und denke dann an diese Geschichte! Auch dir wird der Zauberspruch mit Sicherheit gut helfen!

- Hole dir einen Bogen bunten Fotokarton und schreibe mit großen Buchstaben den Spruch *Ruhig und konzentriert geht's garantiert* darauf. Wenn du genug Platz hast, kannst du die einzelnen Buchstaben auch aus Konfetti, Glimmer, Pailletten, Filzresten, Zeitungsschnipseln oder Muscheln aufkleben.

Wenn du dieses Bild dann im Kinderzimmer aufhängst, wird es dich jederzeit an den Zauberspruch erinnern und du wirst ihn nicht mehr vergessen!

Hallo, kleine Schnecke!

Schließe deine Augen und stell dir dann mal vor, du hast einen sehr anstrengenden Vormittag im Kindergarten (der Schule) verbracht! In deinem Kopf schwirren lauter Gedanken, die dich mal wieder so beschäftigen, dass du dich auf nichts anderes mehr konzentrieren kannst! Und so machst du dich auf den Weg zu dem kleinen Wäldchen, das hinter dem Haus liegt, in dem du wohnst . . .

Es ist ein heller, freundlicher Tag. Die Sonne steht hoch oben am wolkenlosen Himmel und lässt das Wäldchen in einem schönen Licht erscheinen . . .

Du trottest gemütlich und ohne Eile den kleinen Weg entlang . . . Nachdem du einige Zeit gegangen bist, entdeckst du ein gemütliches, mit lauter weichem Moos bewachsenes Plätzchen, an dem du es dir in aller Ruhe ganz bequem machst . . .

Du sitzt einfach nur da und spürst mit einem Mal wieder, wie deine Gedanken wie hundert kleine Schmetterlinge aufgeregt in deinem Kopf umherflattern. So als würden sie nach etwas suchen, dies aber nicht finden! Dabei werden die kleinen Schmetterlinge in deinem Kopf immer wibbeliger und flattern unentwegt mal hierhin und mal dorthin . . .

»Na, was denn . . .!«, hörst du eine ganz ruhige Stimme zu dir sprechen. »Was ist denn da bloß los in deinem kleinen Kopf?«
Du schaust dich suchend um und entdeckst schließlich eine kleine Schnecke vor dir in dem grünen Moos. Auf ihrem Rücken sitzt ein tolles Schneckenhaus, das im Licht der Sonne wunderschön aussieht . . .

»Ach, ich weiß auch nicht!«, antwortest du der Schnecke traurig. »Ständig schwirren so viele Gedanken in meinem Kopf, sodass ich mich nicht richtig konzentrieren kann. Ich lass mich dann ständig ablenken. Bis meine Gedanken dann wie kleine bunte Schmetterlinge umherfliegen . . .«
»Schmetterlinge sind zwar was Wunderbares, aber nicht, wenn sie in deinem Kopf herumsummen!«, sagt die Schnecke und zieht ihre Stirn in Falten. Dabei wackeln ihre Fühler ganz sanft und federleicht hin und her . . . Ganz langsam . . . Und immer im selben ruhigen und gleichmäßigen Rhythmus . . . Und während du den Fühlern der Schnecke zusiehst, spürst du, wie die Schmetterlinge in deinem Kopf langsam weniger werden und du dich schon wieder viel besser konzentrieren kannst!

»Pass mal gut auf!«, bittet dich die Schnecke und beginnt zu erzählen: »Als Kind hat man es nicht immer leicht. Besonders im Kindergarten (in der Schule) ist immer viel los. Da ist man nicht alleine, sondern viele andere Kinder sind auch dort, um zu spielen, erzählen und gemeinsam Dinge zu tun. Von daher ist es nicht leicht, immer ganz aufmerksam und konzentriert zu sein, weil es eben viel gibt, was einen ablenkt. Aber vielleicht kann ich dir helfen. Wenn du das nächste Mal merkst, dass deine Gedanken wie Schmetterlinge in deinem Kopf fliegen und dich unruhig machen, sodass du nicht mehr zuhören und dich konzentrieren kannst, denke einfach, du wärst eine Schnecke. Auf deinem Rücken trägst du ein schönes Schneckenhaus, in das du dich zu jederzeit zurückziehen kannst. Dort findest du genug Ruhe und wohltuende Stille . . . Im Schneckenhaus stört dich niemand, sodass du deine Gedanken wieder ordnen kannst. Mach es dir im Schneckenhaus so richtig bequem und stell dir dann einfach vor, du bist ganz ruhig und vollkommen entspannt . . . Dabei wirst du eine angenehme Schwere in deinem Körper spüren . . . Schwer, ganz schwer ist dein Körper dann . . . Und das Schneckenhaus hält dich warm und geborgen . . . Du spürst, wie die strömende Wärme durch deinen Körper gleitet . . . Ganz warm ist dein kleiner Körper und du fühlst dich ganz entspannt dabei . . . Wenn du dann nach einiger Zeit wieder ganz konzentriert bist und dich gut erholt fühlst, kriechst du ohne Hast und Eile aus deinem Schneckenhaus heraus und dann wird dich niemand mehr so schnell ablenken können! Wie findest du das?«

Aufmerksam hast du den Worten der Schnecke gelauscht. Die ruhige Stimme der Schnecke ist so wohltuend für deine Ohren gewesen, dass du das Gefühl hast, deine innere Ruhe wiedergefunden zu haben. Du hast tatsächlich die angenehme Schwere und sogar die strömende Wärme in dir spüren können – toll!
»Das klingt gut!«, sagst du. »Aber ich bin nun mal keine Schnecke und ein so schönes Schneckenhaus wie du habe ich leider auch nicht . . .«

»Weißt du, was?«, sagt die Schnecke. »Wenn du magst, schenk ich dir mein Schneckenhaus! Ich bin ja viel unterwegs und werde auf meiner Reise sicherlich bald ein neues, ebenso schönes Haus wiederfinden, einverstanden?«

Du weißt vor lauter Freude gar nicht, was du sagen sollst. Dankbar nimmst du das Schneckenhaus entgegen und bedankst dich ganz herzlich.
»Na dann alles Gute und denk daran, alles klappt besser, wenn du stets ganz ruhig und entspannt bist. Das Schneckenhaus wird dir dabei helfen! Viel Glück!«, sagt die Schnecke und kriecht dann gemütlich und ohne jede Eile ihres Weges . . .
»Auch dir viel Glück und vielen, vielen Dank!«, rufst du der Schnecke nach und machst dich frohen Mutes auf den Heimweg. Das Schneckenhaus hältst du fest in deiner Hand und freust dich schon darauf, es morgen früh im Kindergarten (in der Schule) einmal auszuprobieren . . .

Ein paar Ideen: Lass uns noch etwas zusammen machen!

- Nimm dir ein großes Blatt Papier oder bunten Tonkarton und male eine Schnecke mit einem riesigen Schneckenhaus darauf! In das Schneckenhaus schreibst du dir dann das, was dir die Schnecke gesagt hat: Es sich in Ruhe gemütlich machen – Ganz ruhig und entspannt sein – Die angenehme Schwere fühlen – Die strömende Wärme in deinem Körper genießen – Wenn du dich ausgeruht und klar fühlst, wieder herauskriechen! So weißt du immer, was zu tun ist, wenn dir Gedanken im Kopf schwirren!

- Achte beim nächsten Spaziergang im Wald, auf einer Wiese darauf, ob du nicht sogar ein richtiges Schneckenhaus finden kannst. Verwahre es gut, du weißt ja, wie es dir helfen kann!

In meiner Seifenblase

Stell dir vor, es ist Vormittag und du sitzt in deiner Klasse. Dein Lehrer hat euch gerade gebeten, eine Aufgabe zu lösen. Doch in der Klasse ist es einfach zu unruhig. Jemand sucht etwas in seinem Schulranzen und jemand anderes spitzt einen Stift an . . . Du kannst dich einfach nicht richtig konzentrieren, weil es zu viele Dinge gibt, die dich ablenken . . .

Und so sitzt du ratlos da und schaust aus dem offenen Fenster hinaus. Du hast es eben geöffnet, damit frische Luft in den Klassenraum kommen kann.
Während du in Gedanken versunken hinausschaust, entdeckst du mit einem Mal eine wunderschöne, große Seifenblase. Die Seifenblase glitzert im hellen Licht der Sonne in allen Farben des Regenbogens – wunderschön! Und da fliegt die Seifenblase zu dir ins Klassenzimmer und landet unmittelbar neben dir . . .

Du spürst ein leichtes Kribbeln in dir und da merkst du, dass du ganz klein bist. So klein, dass du genau in die Seifenblase hineinpasst . . . Du steigst vorsichtig in die Seifenblase und machst es dir darin bequem . . .

Die Seifenblase hält dich mit ihrer Hülle fest umschlossen und steigt langsam, ganz langsam und vorsichtig in die Lüfte . . . Immer höher und höher fliegst du in deiner Seifenblase . . . In den strahlend blauen Himmel hinein . . .

Und mit einem Mal spürst du eine große innere Ruhe in dir . . . Vollkommen ruhig und entspannt bist du . . . In deinem Körper spürst du ein angenehmes Gefühl von Schwere . . . Schwer, ganz schwer bist du nun . . . Auch in deinen Armen und Beinen kannst du die Schwere spüren . . .

Je näher ihr in den Himmel hineinfliegt, desto wohltuender empfindest du die Wärme der Sonne . . . Du spürst die zarten Sonnenstrahlen auf deiner Haut . . . Wie warm sie sich anfühlen . . . Fühl mal, wie die Wärme der Sonne durch deinen Körper hindurchströmt . . .

Plötzlich entdeckst du den Gedanken, der dich eben im Klassenzimmer genervt und völlig abgelenkt hat. Er sieht nun aus wie eine kleine Wolke, die aus deinem Kopf herausfliegt und sich zu den anderen Wolken am Himmel gesellt . . . Dabei fühlst du dich wunderbar frei und dein Kopf wird immer klarer . . .

Deshalb schickst du nun einen störenden Gedanken nach dem anderen als Wolke an den blauen Himmel . . . Lass dir so viel Zeit dafür, wie du brauchst . . .

Nun ist dein Kopf ganz frei und vollkommen klar. Du spürst, dass du wieder aufmerksam und konzentriert arbeiten kannst! Deshalb machst du dich mit deiner Seifenblase wieder auf den Weg ins Klassenzimmer . . .

Während du in der Seifenblase dort hinschwebst, genießt du es, in einem so schönen und vor allen Dingen ganz geschützten Raum zu sein . . .

Wohlbehalten kommst du im Klassenzimmer an. Niemand hat deine Abwesenheit bemerkt. Als du wieder auf deinem Stuhl sitzt, beginnst du mit deiner Aufgabe. Ganz aufmerksam und voll konzentriert kannst du sie ohne Fehler lösen . . .

Das nächste Mal, wenn du wieder unkonzentriert bist, wirst du dich einfach an die Reise und vor allen Dingen an die Ruhe in der Seifenblase erinnern, damit du aufmerksam weiterarbeiten kannst . . . Danke, kleine Seifenblase und weiterhin guten Flug . . .

Ein paar Ideen: Lass uns noch etwas zusammen machen!

🐚 Nimm dir einen Stift und Papier! Darauf kannst du all die Dinge aufschreiben oder malen, in denen du dich auch ganz geschützt zurückziehen kannst, um dich bzw. deine Gedanken wieder zu sammeln. Beispielsweise eine geheime Höhle, ein Schneckenhaus, eine Zaubermuschel, ein Raumschiff oder etwas Ähnliches.

🐚 Sicherlich hast auch du Seifenblasen. Hol sie dir und blase eine Zeit lang viele schöne Seifenblasen im Kinderzimmer, Garten oder aus einem Fenster heraus! Zum einen sind Seifenblasen sehr schön und beruhigend anzusehen und zum anderen atmest du beim Pusten gut ein und wieder aus. Das gibt deinem Körper viel neuen Sauerstoff, der dir hilft wieder ganz konzentriert und aufmerksam zu sein!

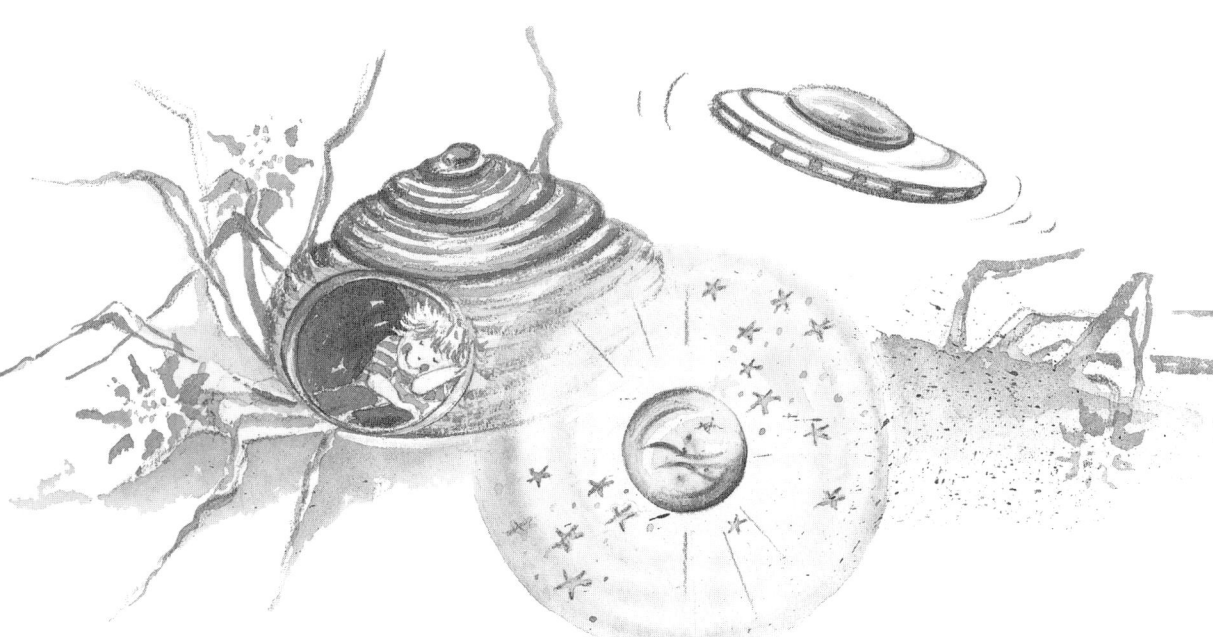

Der Zauberpunsch, der mutig macht

Schließe deine Augen und stell dir vor, du machst einen Spaziergang in den Bergen! Das Wetter könnte nicht besser sein und so marschierst du die Berge immer höher und höher hinauf. Du genießt die wunderbare Aussicht von hier oben, und je höher du kommst, desto freier fühlst du dich . . .

Als schließlich die letzte kleine Steigung vor dir liegt, entdeckst du einen kleinen, geheimnisvollen Höhleneingang, der dich richtig neugierig macht . . .
Zauberhafte Klänge hörst du aus dem Inneren der Höhle. Doch die Musik klingt nicht wie gewöhnliche Musik, die jeder kennt. Sie scheint dich auf wunderbare Art und Weise zu verzaubern und der Klang setzt in dir ganz viel neue Kraft und Energie frei . . .

Du betrittst die Höhle und bist ganz erstaunt. Denn hier ist es gar nicht so dunkel, wie man es sonst von anderen Höhlen her kennt. Die Fackeln, die an den Seiten des Ganges Licht spenden, haben ebenfalls etwas Zauberhaftes an sich. Ihr Licht ist so klar und warm, dass du dich rundherum geborgen und vollkommen sicher fühlst . . .

Schließlich endet der Gang, durch den du gekommen bist, und vor dir siehst du ein kleines Feuer brennen, über dem ein riesiger Behälter hängt, in dem etwas vor sich hin köchelt . . .

Als du näher kommst, kannst du lesen, was in silbernen Buchstaben auf dem Behälter steht: *Ich bin der Zauberpunsch und erfüll dir jeden Wunsch! Bitte bediene dich!*

Ein richtiger Zauberpunsch! Wie toll, denkst du. Was ich für ein Glück habe! Du überlegst einen Moment lang und dann fällt dir ein, dass du etwas mehr Mut gebrauchen könntest. Und so schöpfst du mit der Kelle etwas von dem Zauberpunsch heraus und trinkst ihn in langsamen Schlucken . . .

Und noch während du den Punsch trinkst, spürst du, wie du ganz tief in deinem Inneren merkst, wie der Mut in dir wächst . . . Es ist ein wirklich tolles Gefühl . . .

Schließlich fühlst du dich richtig mutig und machst noch eine kleine Rast, um dich von der anstrengenden Bergbesteigung zu erholen . . . Dabei spürst du, wie ruhig und völlig entspannt du nun bist . . . Dein Körper ist schwer, ganz schwer von der langen Bergwanderung . . . Du spürst die Schwere besonders gut in deinen Armen, die den Rucksack getragen haben, und in den Beinen, die den Berg hinaufmarschieren mussten . . . Und das Licht der Höhle schenkt dir Wärme, so viel Wärme, wie du brauchst und wie es dir gut tut . . . Lass die Wärme durch deinen Körper hindurchströmen . . .

Dann stehst du ganz erholt und entspannt auf und steigst den Berg wieder hinab . . .
Plötzlich hörst du in einiger Entfernung vor dir Geschrei und entdeckst zwei Kinder, die miteinander raufen . . .
Du denkst daran, schnell wegzulaufen, bevor dich die Kinder entdecken. Doch plötzlich spürst du die Wirkung des Zaubertranks in dir und gehst mutig und ohne Scheu auf die beiden zu. Mit ruhiger Stimme schlichtest du den Streit und siehe da, die zwei hören mit der Rauferei auf . . .

Als du schließlich gut gelaunt nach Hause kommst, erzählst du deinen Eltern von dem Erlebnis.

»Das war aber ganz schön mutig von dir. Hattest du keine Angst davor, dass die beiden noch streitsüchtiger werden und sich zu guter Letzt auch noch mit dir raufen?«, fragt deine Mutter.

Aber du schüttelst nur lächelnd den Kopf . . .

Ein paar Ideen: Lass uns noch etwas zusammen machen!

- Aus Tapetenkleister und Zeitungspapier kannst du einen tollen, hohen Berg bauen, in den ein Höhleneingang führt. Die Höhle wirkt besonders geheimnisvoll, wenn du sie aus Alufolie klebst und Glasnuggets als funkelnde Edelsteine mit einarbeitest!
- Nimm dir einen großen Bogen Tonkarton. Bastele für die Mitte des Bogens den Behälter, in dem der Zaubertrank brodelt. Schreibe mit bunten Stiften daneben, in welchen Situationen du einen solchen Zaubertrank gebrauchen kannst.

Der Zauberring

Stell dir mal vor, du machst einen tollen Ausflug an einen kleinen See. Du bummelst ohne Eile am Ufer entlang, durch den feinen Kies. Der blaue Himmel spiegelt sich auf der Wasseroberfläche und die Sonne sieht aus, als wäre sie ein goldener Ball, der in den See hineingefallen ist . . .

Du genießt die Ruhe und Stille an diesem Ort und setzt dich schließlich gemütlich ans Ufer, um dich ein wenig auszuruhen. Heute Morgen hast du schon eine Menge erlebt und du kamst kaum dazu, zwischendurch eine Pause zu machen . . .

So sitzt du nun ganz ruhig da und schaust dich um. Du beobachtest den Wind, wie er ganz zarte Bewegungen auf die Wasseroberfläche bringt, und schaust die Seerosen an, die auf dem Wasser wachsen und sich der warmen Sonne entgegenstrecken . . .

Als du verträumt mit deinen Händen durch den feinen Kies fährst, fühlst du plötzlich etwas . . .
Du schaust in deine Hand und entdeckst einen silbernen Ring mit einem durchsichtigen Stein, der bläulich schimmert. Dieser Ring ist wunderschön. Verträumt siehst du ihn eine ganze Weile an, da der Kristall im hellen Licht der Sonne herrlich schimmert. Wie ein Regenbogen . . .

Noch ganz in Gedanken vertieft, schiebst du dir den Ring über deinen Finger. Er passt wie angegossen, als wäre er für dich gemacht! Du drehst den Ring an deinem Finger einige Male hin und her . . .

Plötzlich bist du ganz ruhig und entspannt. Du spürst eine große Ruhe und Gelassenheit in dir. Das ist ein wunderschönes Gefühl, denn es gibt dir Sicherheit . . .

Dein Körper fühlt sich angenehm schwer an . . . Ganz schwer ist dein Körper . . . Und es scheint, als ginge von dem zauberhaften Ring Wärme aus, wohltuende Wärme . . . Du spürst die Wärme auch in dir und wie sie sich strömend in deinem ganzen Körper ausbreitet . . . Du fühlst dich ganz geborgen und bist rundherum glücklich . . .

Da blinkt der Stein am Ring mit einem Mal auf und du kannst eine zarte Stimme hören, die klingt, als käme sie von weit her:

»Heute ist dein Glückstag. Dies ist ein Zauberring und er kann Wünsche erfüllen. Zum Beispiel kann er dir helfen, wenn du einmal ganz viel Mut brauchst. Du musst den Ring dann nur ganz sacht drehen und Simsalabim wirst du so mutig sein wie nie zuvor . . . So mutig sein wie nie zuvor . . . Mutig sein . . .«

Dann ist es wieder vollkommen still . . .

Ein Zauberring, einen echten Zauberring habe ich gefunden, denkst du begeistert. Das ist wirklich ein Glückstag. Und ein Ring, der mutig macht, den kannst du wahrhaftig gut gebrauchen! Erst gestern Morgen in der Schule solltest du den Aufsatz vorlesen, den ihr zu Hause schreiben solltet. Du warst so aufgeregt und hast kein einziges Wort herausbekommen. Und dann bist du ganz rot geworden!
Aber das wird dir nun nicht mehr passieren!
Gut gelaunt machst du dich auf den Heimweg. Du freust dich schon riesig darauf, den Zauberring auszuprobieren . . .

Am nächsten Morgen bittet dich dein Mathematiklehrer nach vorne zu kommen und an der Tafel etwas vorzurechnen. Als du aufstehst, drehst du den Zauberring ganz vorsichtig hin und her.

Mutig, denkst du. Ich schaffe es und habe Mut!

Und dabei spürst du wieder, wie ruhig und entspannt du mit einem Mal bist. Ganz gelassen stehst du an der Tafel und rechnest die Aufgabe vor, die dein Lehrer dir diktiert. Ohne Mühe rechnest du den anderen aus der Klasse vor und zeigst, wie es geht.

»Das hast du toll gemacht!«, lobt dich dein Lehrer.

Das war ja einfach, denkst du bei dir und setzt dich lächelnd und gut gelaunt zurück auf deinen Platz . . .

Ein paar Ideen: Lass uns noch etwas zusammen machen!

- Nimm dir mal ein Blatt Papier und schreibe alle Dinge auf, die du gut kannst und zu denen du genug Mut hast. Anschließend lese dir das, was du alles aufgeschrieben hast, noch einmal gut durch. Gibt es andere Kinder in deiner Klasse, die sich diese Sachen vielleicht nicht so ohne weiteres trauen?

- Wenn man traurig ist und einem der Mut zu etwas fehlt, tut es gut, jemanden zu haben, mit dem man reden kann. Sicherlich gibt es auch eine Person, der du vertraust und mit der du über deine Sorgen, Ängste und Probleme sprechen kannst. Manchmal hilft auch ein Tagebuch. Dem Tagebuch kannst du alle Geheimnisse anvertrauen und alles hineinschreiben, was dich bedrückt!

Mein Freund, der Baum

Schließe deine Augen und stell dir einmal vor, du stehst auf einer wunderschönen Lichtung! Mitten auf dieser Lichtung steht ein Baum. Ein richtig schöner, alter Baum mit einer prächtigen Baumkrone, saftig grünen Blättern und einem dicken, kräftigen Stamm, dessen Wurzeln bis tief in die Erde hineinragen . . .

Du näherst dich dem Baum, der dir sehr gefällt. Er sieht so stark aus, so als ob ihm keiner etwas anhaben kann. Die vielen Wurzeln des Baumes geben ihm viel Halt und große Sicherheit . . .

Schließlich bist du an dem Baum angelangt. Du suchst dir einen schönen Platz im grünen Gras und lehnst dich gegen den Baumstamm. Viele Gedanken gehen dir durch deinen Kopf und flattern wie viele kleine Fledermäuse unruhig hin und her . . .

»Mir scheint, du könntest meine Hilfe gut gebrauchen!«, hörst du eine sehr angenehme, freundliche Stimme. Aufmerksam siehst du dich um, kannst aber niemanden erkennen.
»Ich bin es, dein Freund, der Baum!«, hörst du und da siehst du das Gesicht des Baumes an seinem Stamm. Wie freundlich der Baum aussieht, denkst du. Und ehe du etwas erwidern kannst, sagt der Baum leise: »Magst du deine Sorgen mit mir teilen? Dann lastet nicht alles auf deinen kleinen Schultern! Wenn du magst, kannst du mir deine Ängste, Sorgen und auch Probleme anvertrauen und auf meine Blätter legen. Ich bin nämlich der Sorgenbaum und immer für dich da, wenn du mich brauchst!«

Du überlegst einen Moment. Denn jemandem deine Sorgen anvertrauen machst du nicht so gerne. Aber der Baum mit seiner freundlichen, sanften Art gefällt dir sehr. Und so suchst du dir ein klitzekleines Blatt aus, auf das du einen deiner Gedanken legst . . .

Das klappt wunderbar und so suchst du dir auch schon das nächste Blatt aus. Diesmal ist das Blatt schon etwas größer und dementsprechend legst du auch eine etwas größere Sorge darauf. Sorgsam und vorsichtig nimmt das Blatt auch dieses Problem entgegen und hält es gut fest . . .

So gibst du eine Sorge und ein ängstliches Gefühl nach dem nächsten an den Sorgenbaum ab. Für größere Ängste und Probleme hältst du Ausschau nach großen, kräftigen Blättern, die stark genug sind diese zu tragen.

Du fühlst dich nun schon viel besser und vor allen Dingen richtig erlöst . . . Und dann hast du dem Sorgenbaum und seinen Blättern schließlich alles anvertraut, was dir schwer auf deinen Schultern gelastet hat!

»Danke, lieber Baum!«, sagst du erleichtert. »Das hat gut getan. Schön, dass es dich gibt und dass du für mich da bist!«

»Nichts zu danken, das habe ich doch gern gemacht. Ich werde aufmerksam über deine Sorgen und Ängste wachen, und wenn du dazu bereit bist, werden sich die Blätter, denen du deine Probleme anvertraut hast, auch lösen können und vom Wind weit, weit fortgetragen werden. Aber erst einmal werde ich auf sie Acht geben!«, erklärt der Baum. Dann lädt er dich ein auf einem seiner starken Äste Platz zu nehmen.

Du suchst dir einen gemütlichen Platz und kuschelst dich in die Baumkrone hinein . . .

Ganz ruhig und entspannt bist du nun . . . Ganz schwer und entspannt liegst du auf dem breiten Ast des Baumes . . . Du nimmst die Schwere in deinem Körper wahr und genießt es einfach, nur dazuliegen und mal an nichts denken zu müssen . . . Dabei spürst du die warmen Sonnenstrahlen auf deiner Haut . . . Wohltuende Wärme strömt durch deinen ganzen Körper und hält dich geborgen . . . Und du spürst nun, wie der Ast, auf dem du liegst, sich ganz leicht und vorsichtig hin und her bewegt, so als wollte er dich in den Schlaf wiegen . . . Ganz ruhig und regelmäßig schaukelt dich der Ast . . . Und ebenso ruhig und gleichmäßig fließt der Atem in dir . . . Ganz ruhig und ausgeglichen bist du . . .

Und dann fallen dir die Augen zu und du träumst eine ganze Weile vor dich hin . . .

An dieser Stelle wäre eine längere Pause gut, wenn die Kinder es mögen, mit leiser, meditativer Musik.

Ein kleines grünes Blatt kitzelt dich an deiner Nase, sodass du lachen musst. »Hey du, aufstehen!«, ruft es und lächelt dir zu.

Du reckst und streckst dich kräftig und kletterst dann rundherum erholt und frei von allen Sorgen von deinem Freund, dem Baum . . .

»Ach, das tat vielleicht gut!«, sagst du und gibst dem
Baum einen dicken Kuss auf seine Nase, als
Dankeschön für den wunderbaren
Nachmittag und seine Hilfe.
»Nichts zu danken!«, ruft der Baum.
»Dafür bin ich ja da. Und wenn du
mich wieder einmal brauchst –
du weißt ja jetzt, wo du mich finden kannst!«

Gut gelaunt machst du dich auf den Heimweg und
hüpfst vor lauter Freude den Weg entlang . . .

Ein paar Ideen: Lass uns noch etwas zusammen machen!

Hole dir ein großes Stück Pappe und klebe darauf mit buntem Tonkarton, Papier, Seidenpapier oder etwas Ähnlichem deinen Freund, den Baum! Wenn du magst, könntest du auf die einzelnen Blätter deine Ängste und Sorgen schreiben oder als kleine Nachricht dort hineinrollen, beispielsweise wenn du die Blätter aus Seidenpapier machst!

Komm mit ins Märchenland

Entspannungsgeschichten für mehr Kreativität

Im Land der Trolle

Stell dir mal vor, du streifst durch den Wald . . . Und auf einmal entdeckst du hinter einem dicht gewachsenen Busch einen kleinen Troll . . .

Der kleine Troll lächelt dir mit strahlenden Augen zu. Sein langes, lockiges Haar wippt dabei munter auf und ab. Und wie jeder Troll hat auch er einen langen Trollschwanz . . .

Fröhlich winkt dir der kleine Troll zu und ruft: »Hast du Lust, mit mir zu spielen?«
»Na klar!«, sagst du, denn schließlich trifft man nicht jeden Tag einen echten Troll im Wald und außerdem wolltest du schon immer einmal einen Troll kennen lernen.
Und so klettert ihr als Erstes auf einen hohen Baum. Der kleine Troll ist ganz flink und viel schneller als du, aber das macht nichts.
Als du oben angekommen bist, musst du erst einen kleinen Moment verschnaufen. Doch der kleine Troll ist unermüdlich. An einem langen Seil, das an einem dicken Ast hängt, schwingt er sich hin und her. Er singt und grölt dabei, wie es Trolle eben tun. Und weil es weit und breit niemanden gibt, den ihr damit stört, machst du lauthals mit.
Ist das vielleicht herrlich, so einen Krach zu machen. Keiner der schimpft, weil es zu laut ist . . .

Dann spielt ihr im Dickicht Verstecken. Du hast ganz schön Mühe, den kleinen Troll zu finden, aber auch er muss lange suchen, bis er dich entdeckt, denn du hast dich unter einen Blätterhaufen gelegt,
sodass nur dein Kopf noch herausguckt . . .

Nachdem ihr beiden dann auch noch Fangen gespielt habt und dabei über umgefallene Baumstämme gehüpft und geklettert seid, bist du völlig außer Atem . . .

»Weißt du, was«, schlägt der kleine Troll vor. »Jetzt gehen wir zu unserer Trollhöhle und lassen uns von meiner Mama verwöhnen. Sie bäckt die besten Brombeerpfannkuchen weit und breit!«

Du bist einverstanden und so folgst du dem kleinen Troll zu seiner Höhle. Die Trolleltern begrüßen dich ganz herzlich und freuen sich, dass Besuch da ist.
Die Trollmutter reicht dir sogleich einen Becher mit kühlem Beerensaft, der herrlich schmeckt und deinen Durst löscht. Richtig erfrischend . . .
Und kaum hast du ausgetrunken, reicht dir der Trollvater einen Teller mit einem wunderbar duftenden Brombeerpfannkuchen. Hungrig probierst du den Pfannkuchen – er schmeckt hervorragend.

Nun bist du müde und satt. Du kletterst zu dem kleinen Troll in seine Wiege und kuschelst dich in die warme Decke aus bunten Herbstblättern . . .

Ganz ruhig und entspannt bist du nun . . . Deine Arme und Beine sind schwer, ganz schwer vom vielen Herumtoben und Spielen im Wald . . . Du spürst die Schwere in dir . . . Und die Strahlen der untergehenden Sonne wärmen dich . . . Spüre die warmen Strahlen der Sonne in dir . . . Ganz strömend warm ist dein Körper . . . Und du fühlst dich rundherum wohl und geborgen . . . Die Trollmutter schaukelt die Wiege . . . Ganz sanft und mit viel Gefühl, immer im gleichen ruhigen Rhythmus . . . Genauso ruhig und regelmäßig fließt auch dein Atem in dir ein und aus . . . Ein und aus . . . Und du bist ganz ruhig und vollkommen entspannt . . .

Schließlich fühlst du dich wieder voller Kraft und Energie . . . Du kletterst aus der Wiege und verabschiedest dich von der Trollfamilie. Vater Troll nimmt dich auf seinen Rücken und trägt dich sich nach Hause zurück . . .

»Besuch uns bald wieder!«, ruft er dir zum Abschied zu. »Ganz bestimmt!«, antwortest du und schließt das Gartentor hinter dir . . .

Ein paar Ideen: Lass uns noch etwas zusammen machen!

- Aus einem Stück Filz, Klebstoff, einem Stift und Wollresten kannst du ganz leicht eine lustige Troll-Fingerpuppe basteln, mit der du spielen kannst.

- Hast du schon mal einen richtigen Brombeerpfannkuchen gegessen? Wie wär's, wenn es am Wochenende mal solche köstlichen Pfannkuchen bei euch gibt. Besonders gut schmeckt dazu frisch gerührter Quark!

Meine Wiese des Glücks

Stell dir einmal vor, es ist Nachmittag. Und da du gerade nichts anderes vorhast, machst du einen kleinen Spaziergang durch einen Park . . .

Es ist ein wirklich schöner Tag mit hellblauem Himmel und ganz viel Sonnenschein. Plötzlich fliegt dir ein kleiner, gelber Schmetterling entgegen . . .
»Komm mit mir!«, ruft er dir freundlich zu. »Ich möchte dir einen wunderschönen Ort des Glücks zeigen, an dem man sich prima ausruhen und entspannen kann!« Und schon macht der kleine, gelbe Schmetterling kehrt und fliegt ein Stück voraus . . .

Noch ganz erstaunt darüber, dass der kleine Schmetterling soeben zu dir gesprochen hat, hüpfst du fröhlich hinter dem kleinen Tier her.
»Hey du!«, rufst du dem kleinen Schmetterling zu. »Wieso kannst du denn sprechen?«
»Ich wohne auf der Wiese des Glücks«, erklärt dir das kleine Tier. »Und dort ist es einfach wunderbar. Es gibt dort alles, was du dir in deinen Träumen vorstellen kannst. Und deshalb kann ich auch sprechen!«
Aufmerksam hast du dem Schmetterling zugehört. Das hört sich ganz schön spannend an, was er dir erzählt hat. Du bist richtig neugierig auf die Wiese des Glücks geworden und läufst schnell wie ein kleiner Wind hinter deinem kleinen Freund her, damit du ihn nicht verlierst . . .

Schließlich nähert ihr euch einem kleinen Wald, der am Ende des Parks wächst. Von dort aus schimmert dir etwas Grünes durch die Bäume entgegen: Hinter dem Wald liegt eine Wiese, eine wunderschöne Wiese, die du noch niemals zuvor bemerkt hast. Staunend blickst du dich um . . .

Das muss der Ort des Glücks sein, den der Schmetterling gemeint hat, denkst du. Und als könnte der kleine Schmetterling deine Gedanken lesen, sagt er: »Ja, so ist es. Es ist die Wiese des Glücks!«

Die Wiese ist einfach wunderschön. Das Gras leuchtet in einem so herrlichen Grünton, wie du ihn noch nie vorher gesehen hast . . .

Als du näher hinsiehst, erkennst du plötzlich, dass hier eigentlich kein Gras, sondern grüner, vierblättriger Klee wächst. Voller Freude hüpfst du auf der Wiese herum und freust dich. Dir geht es wunderbar und es gibt nichts, was dich bedrückt . . .

Ein Stück weiter entdeckst du eine kleine Katze, die im Klee hockt. Auf ihrem Rücken klettern munter ein paar kleine Mäuse herum.

Nanu, denkst du. Wo gibt es denn so etwas? Die Mäuse haben ja gar keine Angst vor der Katze!

Aber ja, fällt dir dann wieder ein. Es ist ja die Wiese des Glücks und auf der kennt man keine Angst, sondern nur Freude! Ein tolles Gefühl . . .

Und so machst du es dir im Klee gemütlich und beobachtest die Mäuse und die Katze . . .

Auf einmal hörst du neben dir ein zartes, leises Summen. »Summ, summ, hier – das haben wir dir gebracht!«, hörst du es neben deinem Ohr. Und als du dich umdrehst, siehst du ein paar Bienchen, die ein Glas mit kühler Honiglimonade in ihren Händen halten.

Du bedankst dich bei den fleißigen Bienchen und kostest von dem Getränk . . .
Es schmeckt einfach köstlich. So etwas Leckeres hast du noch nie in deinem Leben getrunken.

Ist das schön, die Wiese des Glücks zu kennen, denkst du bei dir, bis dich der klitzekleine Schmetterling an deiner Nase kitzelt . . .

Und so spazierst du dem freundlichen, kleinen Schmetterling wieder hinterher . . . Du stehst auf einmal vor einem kleinen Bach, der munter durch die Wiese des Glücks plätschert. Der Schmetterling hat es sich auf einem Blütenblatt am Rand des Baches gemütlich gemacht. »Ist das nicht herrlich hier?«, ruft er dir glücklich zu.
Du nickst und watest mit deinen nackten Füßen durch das Wasser des Bachs. Das Wasser erfrischt dich und schenkt dir so viel Kraft, wie du brauchst. Nimm sie in aller Ruhe in dir auf, bis es dir richtig gut geht . . .

Mit dem Wasser des Bachs wäschst du dir dein Gesicht und fühlst dich rundherum glücklich. Außerdem kühlt das klare Wasser deinen Kopf auf wunderbare Art und Weise. Das tut vielleicht gut . . .

Schließlich legst du dich auf die Wiese, um dich noch eine Weile auszuruhen. Du kuschelst dich in den weichen Klee hinein und spürst den Boden unter dir . . . Ganz entspannt und vollkommen ruhig liegst du da . . .
Nichts gibt es hier, was dich stört, und du fühlst dich frei und klar . . . In

deinem Körper macht sich eine angenehme, sehr wohltuende Schwere breit . . . Dann spürst du die Sonnenstrahlen auf deiner Haut . . . Sie wärmen dich und halten dich ganz geborgen . . . Das macht dich glücklich . . . Und während du daliegst, beginnst du zu träumen . . . Du träumst den Traum von der Wiese des Glücks . . .

Jetzt ist es für heute an der Zeit, sich von der Wiese des Glücks zu verabschieden. Du schaust dir die Wiese noch einmal ganz genau an, bevor du zurückgehst . . .

Dann dankst du dem kleinen Schmetterling für den schönen Nachmittag. Ganz bestimmt werde ich bald wieder einmal herkommen, versprichst du deinem kleinen Freund. Denn hier auf der Wiese des Glücks kann man so wunderbar ausruhen, sich erholen und vor allen Dingen richtig gut entspannen . . .

Also dann, kleiner Schmetterling, bis zum nächsten Mal . . .

Ein paar Ideen: Lass uns noch etwas zusammen machen!

 Magst du ein Bild von der Wiese des Glücks malen? Aus buntem Krepp- oder Seidenpapier könntest du den kleinen Schmetterling basteln und mit darauf kleben!

 Wie wäre es mit einem Glas Honiglimonade. Dazu machst du dir am besten eine halbe Tasse Früchtetee, rührst einen Teelöffel Honig hinein, lässt den Tee im Kühlschrank abkühlen. Dann gießt du den abgekühlten Tee mit Mineralwasser auf, gibst einen oder zwei Eiswürfel in den Becher und trinkst die Honiglimonade . . .

Ausflug in den Urwald

Stell dir doch heute mal vor, du bist ganz weit gereist . . .

Bis in den Urwald . . . Und nun stehst du mitten zwischen schönen, ganz hoch gewachsenen Bäumen. Als du nach oben schaust, erkennst du ganz außergewöhnliche Früchte, die daran wachsen. Wie lecker die aussehen und was für lustige Farben und Formen sie haben. Ganz anders als zu Hause . . .

Plötzlich kommt ein kleiner Elefant hinter einem der Bäume hervor und winkt dir freundlich mit seinem Rüssel zu . . . »Hallihallo!«, begrüßt dich das graue Tier und lacht. »Herzlich willkommen im Urwald! Hast du Lust, ein bisschen mit mir durch den Wald zu streifen?«

Da dir der kleine, graue Elefant sofort symphatisch ist, nickst du ihm zu. »Dann komm!«, trompetet der Elefant und bietet dir an dich auf seinem Rücken zu tragen. Vorsichtig hockt sich das Tier auf den Boden. So kannst du ganz leicht auf den Rücken des Elefanten klettern . . .

Du bist schon riesig gespannt, was dich im Urwald so alles erwartet, denn schließlich ist man nicht alle Tage an so einem Ort . . .

So wandert ihr gemütlich durch den dichten Urwald. Dabei lauschst du den Geräuschen des Dschungels. Es hört sich ganz anders an als zu Hause . . . Am besten gefallen dir die Lieder der bunten Vögel. Sie hören sich so fröhlich und ausgelassen an. Ein kunterbunter Vogel kommt auf euch zu und nimmt neben dir auf dem Elefanten Platz. Und als der Paradiesvogel ein Lied zwitschert, pfeifst und singst du fröhlich mit . . .

Du schaust dich im Urwald ganz aufmerksam um und entdeckst hier und da einige Tiere, die sich schnell hinter den Baumstämmen oder den Baumkronen vor deinen Blicken verstecken. Denn die Urwaldtiere sind schrecklich ängstlich und sehr vorsichtig, wenn sie einen Menschen entdecken . . . Aber sie bemerken recht bald, dass du ihnen nichts tust, und da kommen sie aus ihren Verstecken hervor, dass du sie in aller Ruhe betrachten kannst . . .

Schließlich kommt ihr an eine Lichtung. Du erkennst dort ein kleines Dorf von Urwaldbewohnern. Der Elefant scheint die Leute zu kennen, denn er geht ohne Scheu durch das Dorf hindurch . . .

Ein paar Kinder entdecken euch und winken dir fröhlich zu. Eine Weile flitzen sie neben euch her und leisten dir Gesellschaft . . .
Gemeinsam mit den vielen Kindern des Urwalddorfes marschiert ihr auf einen kleinen Bach zu, der sich durch den Dschungel schlängelt.

Dort macht ihr eine kleine Rast. Durstig trinkt der Elefant von dem Wasser des Baches. Die Kinder heißen dich in ihrem Dorf willkommen. In einem großen Korb, den die Kinder bis hierhin getragen haben, liegen wundersame Früchte. Eine sieht leckerer aus als die andere. Du suchst dir eine Frucht aus und beißt hinein . . . Wie saftig das Fruchtfleisch schmeckt und wie süß es ist. Einfach klasse! Schnell probierst du noch ein anderes Stück Obst . . .
Dann watest du mit den anderen Kindern durch das kühle Wasser. Ihr wascht euch die Gesichter damit. Das tut gut und erfrischt . . . Munter spritzt ihr euch alle mit dem Wasser nass. Sogar der Elefant spielt mit. Er saugt mit seinem Rüssel ganz viel Wasser auf und dann spritzt er es im hohen Bogen wieder aus. Lachend flitzen alle Kinder unter der frischen Elefantendusche hindurch . . .
Nach einer Weile bespritzt ihr dann den Elefanten mit Wasser. Denn auch der braucht eine Abkühlung!
Zum Schluss dürft ihr alle nacheinander auf den Elefanten klettern und auf seinem Rüssel ins Wasser hineinrutschen. Das macht vielleicht Spaß! So eine lustige Rutsche bist du jedenfalls noch nie hinuntergerutscht . . .

An dem Bach hängt zwischen zwei Bäumen eine riesige Hängematte. Die sieht so einladend aus, dass du beschließt dich dort hineinzukuscheln. Der Elefant hilft dir beim Hineinklettern und hebt dich mit seinem Rüssel hoch . In der Hängematte ist so viel Platz, dass auch die anderen Kinder bequem Platz finden, und zusammen macht ihr es euch darin ganz gemütlich . . .

Als du schließlich in der Hängematte liegst, spürst du, wie ruhig und entspannt du bist . . . Dein Körper ist angenehm schwer und wunderbar warm . . . Du kannst dabei richtig spüren, wie die Wärme durch deinen Körper hindurchströmt . . . Es ist ein sehr schönes Gefühl . . .

Und da beginnt der kleine Elefant mit seinem Rüssel die Hängematte ganz leicht und sanft zu schaukeln. Ganz ruhig und regelmäßig schaukelt er die Hängematte hin und her . . . Hin und her . . . Das ruhige Schaukeln lässt dich noch tiefer entspannen . . .

Schließlich ist es für dich an der Zeit, den Urwald wieder zu verlassen und nach Hause zurückzukehren. Da es dir hier sehr gut gefallen hat, gibst du dem kleinen, freundlichen Elefanten einen dicken Kuss auf den Rüssel. Als Dank für die nette Führung durch den Urwald . . .

»Also dann tschüss und bis zum nächsten Mal!«, rufst du dem kleinen Elefanten und allen Kindern zum Abschied zu . . .

Ein paar Ideen: Lass uns noch etwas zusammen machen!

- Sicherlich hast du eine große Decke, in die du dich hineinlegen kannst. Vielleicht können Mama und Papa dich darin heute Abend vor dem Schlafengehen einen Moment lang schaukeln. Das macht großen Spaß!

- Habt ihr eine Rolle Papier zu Hause oder Tapetenreste? Darauf könntest du mit Fingerfarben den tollen Spaziergang durch den Urwald malen, den du mit dem grauen Elefanten und den Kindern unternommen hast!

Meine Insel der Träume

Schließe erst einmal deine Augen und sei ganz ruhig . . .

Dann stell dir vor, du bist auf einer Insel. Diese Insel ist einfach traumhaft schön und sie ist genau so, wie du dir die Insel deiner Träume schon immer vorgestellt hast. Hier und da wachsen prächtige Palmen . . . Das Wasser hier ist kristallklar, sodass man alle Muscheln und kleinen Fische beobachten kann, die auf dem Meeresboden liegen. Und in einiger Entfernung entdeckst du einen kleinen Delfin, der immer wieder aus dem Wasser auftaucht, einen hohen Bogen springt und sich dann wieder in das erfrischende Wasser gleiten lässt. Wie elegant das aussieht . . .
Ganz fasziniert schaust du dich in aller Ruhe auf deiner Insel der Träume um . . .

Nachdem du nun einen ausgedehnten Erkundungsgang auf deiner Insel der Träume gemacht hast, schlenderst du durch den feinen, fast weißen Sand, in dem du die schönsten Muscheln finden kannst . . . Ein paar besonders schöne Muscheln hebst du auf und steckst sie als Andenken in deine Tasche, denn so etwas Tolles findet man schließlich nicht jeden Tag!
Als du an eine besonders schöne Stelle kommst, machst du es dir dort im warmen Sand so richtig gemütlich und legst dich hin, um mal auszuspannen und neue Kraft zu tanken . . .

Du liegst im warmen Sand und schaust in den strahlend blauen Himmel hinauf . . .
Dir kommen wieder die Gedanken, die dich in der letzten Zeit so oft beschäftigt haben. Du weißt dir einfach keinen Rat, sosehr du auch über all deine Probleme und Sorgen nachdenkst . . .

Mit einem Mal vernimmst du eine Stimme. Die Stimme ist ganz sanft und leise. Dennoch kannst du sie deutlich hören:

»Lass deine Gedanken ziehen . . . Lass sie ziehen wie die Wolken am Himmel . . . Stell dir vor, deine Gedanken wären kleine Wolken, die vom Wind weit, ganz weit fortgetragen werden . . . Dort, wo sie hinziehen, belasten sie dich nicht mehr und können dich nicht mehr stören . . . Lass deine Gedanken ziehen . . . Einfach ziehen . . . Denn du bist auf der Insel der Träume, da soll dich nichts, aber auch gar nichts bedrücken und dir Kummer bereiten . . .«

Und wie durch Zauberhand entschweben deine Sorgen in Form von kleinen weißen Wolken deinem Kopf. Sie schweben vorsichtig und sacht. Immer höher und höher dem blauen Himmel entgegen . . . Voller Staunen beobachtest du die Wolken, die so unterschiedlich aussehen . . . Manche Wolken sind ganz klitzeklein und wieder andere sehen riesengroß aus . . .

Schließlich siehst du alle Wolken nur noch als klitzekleine, weiße Punkte am Horizont . . .

Ganz entspannt und ruhig bist du nun. Dein Körper ist angenehm schwer. Ganz schwer und entspannt liegst du im Sand auf deiner Insel der Träume . . .
Die Sonne wärmt dich mit ihren Sonnenstrahlen. Du fühlst dich geborgen, während die wohltuende Wärme durch deinen Körper hindurchströmt . . . Spüre die angenehme Wärme und nimm sie tief in dir auf . . .
Dein Atem fließt vollkommen ruhig und regelmäßig. Wie die kleinen Wellen vom Meer, die ans Ufer plätschern und dann zurück ins weite Meer fließen . . . Dein Atem, der ganz gleichmäßig in dir ein und aus geht, lässt dich noch ruhiger werden . . .

Du machst die Augen zu und träumst von deiner Insel, der Insel der Träume . . .

Als du die Augen wieder öffnest, geht gerade die Sonne unter. Es sieht so aus, als würde sie wie ein goldener Ball ins Wasser des Meeres hineinfallen . . .

So ist es für dich leider auch wieder an der Zeit, die Insel der Träume für heute zu verlassen. Aber du musst nicht traurig sein. Diese Insel der Träume hier gehört ganz allein dir. Du hast sie mit der Kraft und Phantasie deiner Gedanken geschaffen und nur du allein weißt, wie du zu ihr gelangen kannst. Jedes Mal, wenn du das Bedürfnis hast hierher zu kommen, um auszuspannen, neue Kräfte zu sammeln oder nur um deine Gedanken wie Wolken ziehen zu lassen, ist die Insel der Träume für dich da . . .

Voller Glück, diesen Ort der Träume gefunden zu haben, machst du dich auf den Weg nach Hause . . .

Ein paar Ideen: Lass uns noch etwas zusammen machen!

 Male auf einen großen Bogen Tonkarton deine Insel der Träume! Mit verschiedenen Materialien kannst du eine tolle Kollage kleben und die Insel lebendig werden lassen: Seidenpapier in verschiedenen Blautönen, Sand, Muscheln, Filzreste, zerschnittene Korken usw. können dir dabei helfen!

Auf dem Basar

Stell dir vor, du sitzt in deinem Zimmer und langweilst dich. Draußen regnet es und so hockst du einfach da und überlegst, was du tun könntest . . .

Irgendwie fällt dir nichts ein. Am meisten Lust hätt ich auf ein kleines Abenteuer, geht es dir durch den Kopf.
Aber richtige Abenteuer passieren ja doch nur in Filmen, schade!
Auf einmal hörst du ein ganz zartes Summen. Als du dich suchend umschaust, traust du deinen Augen kaum. Denn genau vor dir schwebt der bunte Flickenteppich, den dir deine Oma zu deinem letzten Geburtstag aus lustigen Stoffresten gewebt hat . . .

Na so was, geht es dir durch den Kopf. Aber hattest du dir nicht soeben ein kleines Abenteuer gewünscht?
Vorsichtig kletterst du auf den fliegenden Teppich hinauf und wunderst dich, dass er dich mühelos in der Luft tragen kann.
Wenn das so ist, denkst du, dann mach ich mir es hier mal gemütlich!
Und schon kuschelst du dich ganz bequem auf den bunten Teppich. Ganz sacht beginnt der Teppich nun mit dir zu schweben . . .
Nach ein paar kleinen Proberunden durchs Kinderzimmer fliegst du auf dem Teppich das Fenster hinaus und hoch hinauf durch die Regenwolken hindurch. Dorthin, wo der Himmel schön blau ist und die Sonne scheint . . .

So fliegst du eine ganze Weile durch den strahlend blauen Himmel, lässt dir die Sonne auf den Bauch scheinen und träumst vor dich hin . . .

Dann wird der Teppich plötzlich langsamer und beginnt sacht, ganz sacht zu sinken . . .

Als der Teppich gelandet ist, entdeckst du ganz erstaunt, dass du dich auf
einem Basar befindest. Die Leute, die auf dem Basar sind, tragen weite,
ganz bunte Kleidung und einige von Ihnen haben einen prächtigen Turban auf dem Kopf. Du hörst seltsame Klänge, kleine Glöckchen bimmeln
und es liegt ein wundersamer, süßer Geruch in der Luft . . .

Neugierig machst du dich auf den Weg ins bunte Treiben, das auf dem Bazar herrscht. Den Teppich hast du zusammengerollt und trägst ihn unter
dem Arm. Dabei fällt dir auf, dass auch du eine blaue Pumphose trägst
und darüber ein weißes Hemd mit weiten Ärmeln. Toll!
Voller Freude schaust du dir die Waren an, die dort zum Verkauf angebo-
ten werden. Was es hier alles gibt . . .
An einem Stand entdeckst du tolle Krüge, Kannen und Flaschen. Eine davon
sieht merkwürdiger und märchenhafter aus als die andere . . . Eine ganz besonders schöne Flasche kaufst du als Andenken an diesen Nachmittag . . .

Der folgende Marktstand bietet frisches Obst und köstliche Säfte zum
Kosten an. Dankbar darüber probierst du einen wunderbar riechenden
Saft und isst etwas Obst dazu.
Der Saft scheint neue Kräfte in dir zu wecken und erfrischt dich auf zau-
berhafte Art und Weise . . .

Anschließend siehst du dir in aller Ruhe die anderen Dinge an, die es hier auf dem Bazar so gibt . . .

An dieser Stelle wäre eine längere Pause gut, wenn die Kinder es mögen, mit leiser, meditativer Musik.

Nachdem du dir alles auf dem Bazar angesehen hast, musst du daran denken, wie du wieder nach Hause kommst. Schließlich hast du dir den Weg nicht gemerkt, den du auf dem Teppich zurückgelegt hast.

Doch ehe du weiter darüber grübeln kannst, kommt dir ein kleiner Junge entgegen, der ebenso bunte Kleider trägt wie die anderen Menschen, denen du auf dem Bazar begegnet bist. »Salam alaikum!«, begrüßt er dich freundlich in seiner Sprache. »Ich glaub, ich kann dir weiterhelfen!«

In seinen Händen hält er eine Kette, an der ein glänzender Stein hängt. »Hier!«, sagt der Junge und reicht dir die Kette. »Die ist für dich als Erinnerung an deinen Ausflug mit dem fliegenden Teppich!«

»Woher weißt du . . .?«, fragst du verwundert. Aber der Junge deutet auf deinen Teppich und antwortet: »Solch wunderschöne Teppiche wie der, den du in deinen Händen hältst, haben meist magische Kräfte. Außerdem habe ich sein leises Summen gehört!«

Ach ja, das Summen, geht es dir durch den Kopf. Dadurch bist du ja selbst erst auf den Teppich aufmerksam geworden!

»Ich bin übrigens Karim und begleite kleine Besucher, wie du einer bist. Schließlich ist hier auf dem Bazar immer viel los, und damit du dich nicht verirrst und wieder heimfindest, gibt es mich. Das heißt die Kette, die ich dir gegeben habe. Wenn du an ihrem Stein reibst, führt sie dich, wohin du nur willst. Und wenn du wieder einmal Lust auf einen kleinen Ausflug hast, musst du nur an dem Stein reiben und dir ein Ziel für dein nächstes kleines Abenteuer wünschen!«

»Das ist ja toll, vielen herzlichen Dank!«, sagst du und verabschiedest dich von Karim. Denn inzwischen neigt sich der Tag dem Ende und es ist Zeit für den Rückflug.

Und so rollst du deinen bunten Flickenteppich aus, nimmst Platz und reibst, wie Karim es dir erklärt hat, an dem Stein der Kette. »Flieg mich heim!«, rufst du und winkst dem kleinen Jungen noch eine ganze Weile zu . . .

Dann legst du dich auf deinen fliegenden Teppich . . . Ganz ruhig und vollkommen entspannt bist du nun . . . So viele tolle Sachen hast du gesehen . . . Vom vielen Herumlaufen und Anschauen bist du etwas müde geworden. Du spürst eine angenehme Schwere in deinen Armen und Beinen . . . Ganz schwer und entspannt liegt dein Körper auf dem Teppich . . . Und die letzten Strahlen der Sonne umhüllen dich in ein warmes, wohltuendes Licht . . . Spüre die Wärme und nimm sie tief in dir auf . . . Die Wärme strömt durch deinen ganzen Körper hindurch . . . Und dabei bist du ganz ruhig und entspannt . . .

Und da taucht das Haus vor dir auf, in dem du wohnst. Das Kinderzimmerfenster ist noch offen, sodass du geradewegs hindurchfliegen kannst . . .

Ein paar Ideen: Lass uns noch etwas zusammen machen!

- Wenn du lange Tücher zu Hause hast, kannst du versuchen dir einen richtig tollen Turban auf dem Kopf zu bauen! Zu orientalischer Musik könntest du dann fröhlich und ausgelassen tanzen. Das macht viel Spaß und du hast mal Gelegenheit, dich ausgiebig zu bewegen!

- Hast du einen Webrahmen? Dann kannst du aus verschiedenen Stoffresten einen kleinen Teppich weben!

Im Märchenland

Stell dir vor, du bist gerade aufgewacht und springst munter ans Fenster, um etwas frische Luft hereinzulassen . . .

Draußen ist es wunderschön. Du blickst zu dem blauen Himmel hinauf, entdeckst die Sonne, wie sie groß und schön am Himmel steht und alles in einem freundlichen Licht erscheinen lässt. Und draußen auf der Wiese erfreust du dich an den bunten Blumen, die dort wachsen . . .

Schnell ziehst du dich an, um in den Garten zu gehen. Doch als du gerade deine Schuhe zugebunden hast, entdeckst du vor dir auf dem Teppich einen wunderschönen Schmetterling.

»Einen wunderschönen guten Morgen wünsch ich dir!«, sagt der Schmetterling mit glockenheller Stimme. »Ich möchte dich ins Land der Märchen einladen. Hast du Lust, mich dorthin zu begleiten?«

»Ins Märchenland!«, rufst du begeistert. »Na klar, da wollt ich immer schon mal hin!«
»Dann nimm auf meinem Rücken Platz!«, bittet dich der Schmetterling. Erst wunderst du dich etwas, weil der Schmetterling ja ganz klein ist und du viel zu groß. Aber eh du den Gedanken fertig gedacht hast, sitzt du schon auf dem Rücken des freundlichen Falters.

Ganz vorsichtig und sacht fliegt der Schmetterling mit dir auf seinem Rücken durch das offene Fenster hoch hinauf in die Lüfte. Staunend beobachtest du die Stadt von hier oben. Wie klein und winzig alles aussieht, als wäre es eine Spielzeuglandschaft . . .

Und mit einem Mal erblickst du unter dir einen wunderschönen Wald. Die Bäume haben das saftigste Grün, das du jemals gesehen hast. Und hinter dem Wald liegt eine große Wiese. Dort landet der Schmetterling . . . Vorsichtig steigst du ab und dankst dem Falter für den tollen Flug. Und da kommt dir auf einem Weg ein wunderschönes Mädchen entgegen, das eine goldene Krone auf ihrem schwarzen Haar trägt und ein Kleid aus weißem Tüll, das hier und da mit goldenen Sternen bestickt ist.

»Willkommen im Märchenland! Ich bin die Sternenprinzessin!«, begrüßt sie dich. Und da hörst du ein leises Läuten.

»Schau!«, sagt der Schmetterling, »selbst die kleinen Glockenblumen heißen dich bei uns willkommen!«
Ganz fasziniert folgst du der Sternenprinzessin, die mit eleganten, fast lautlosen Schritten den Kiesweg entlanggeht . . .

Und so gelangt ihr an das Märchenschloss, das viele kleine Türmchen und goldene Fenster hat. Einfach traumhaft . . .

Der Festsaal ist bereits geschmückt und viele Leute haben sich hier zur Feier des Tages versammelt: Es gibt kleine Zwerge mit bunten Zipfelmützen, eine Fee mit durchsichtigen Flügeln entdeckst du, den Froschkönig, den König und seinen Hofstaat, selbst Schneewittchen und ihr Königssohn haben sich hier zusammengetroffen, um dich im Märchenland zu begrüßen . . .

Und während du noch ganz verträumt von einer märchenhaften Gestalt zur nächsten siehst, wird das Essen aufgetragen. Es gibt die leckersten Speisen, die man sich nur vorstellen kann, und du weißt gar nicht, was du zuerst probieren sollst . . .

Nachdem alle gegessen haben, beginnt das Fest und die Musik fängt an zu spielen. Ein Zwerg mit einer blauen Zipfelmütze und einem weißen, langen Bart fordert dich zum Tanzen auf . . . Und so tanzen alle ausgelassen und fröhlich. Mal fasst ihr euch alle an den Händen und dreht euch im Kreis. Und dann wieder tanzt jeder für sich oder zu zweit . . .

Bis sich der Tag auch leider schon wieder dem Ende nähert. Die Sternenprinzessin schnippt mit den Fingern und im Nu steht eine schneeweiße Kutsche vor dem Märchenschloss, vor die vier Schimmel gespannt sind. Ein freundlicher Kutscher bittet dich einzusteigen.

»Komm gut nach Hause und besuch uns mal wieder!«, sagt die Prinzessin zum Abschied und umarmt dich ganz herzlich. Dann schließt sie die Türe und gibt dem Kutscher das Zeichen zur Abfahrt.

Während dich der Kutscher mit seinen Pferden durch das Märchenland nach Hause fährt, spürst du ein großes Gefühl des Glücks in dir. Du bist ganz ruhig und entspannt . . . Und du nimmst eine angenehme Schwere in dir wahr . . . Ganz schwer sind deine Arme und Beine vom vielen Klatschen, Händeschütteln und Tanzen . . . Schwer, ganz schwer fühlst du dich . . . Und dabei spürst du eine angenehme Wärme . . . Es ist, als wenn die Liebe aller Märchenlandbewohner dich ganz warm und geborgen hält . . . Lass die wohltuende Wärme in dir fließen . . . Warm, ganz warm und wohlig fühlst du dich . . .

Und als du schließlich mit der Kutsche vor dem Haus stehst, in dem du wohnst, fühlst du dich vollkommen erholt und voller Kraft . . .

Du dankst dem Kutscher für die Heimfahrt und kommst gut gelaunt nach Hause . . .

Ein paar Ideen: Lass uns noch etwas zusammen machen!

 Bestimmt gibt es auch in deiner Nähe einen Märchenpark. Vielleicht könnt ihr am nächsten Wochenende mal dorthin einen Ausflug machen . . .

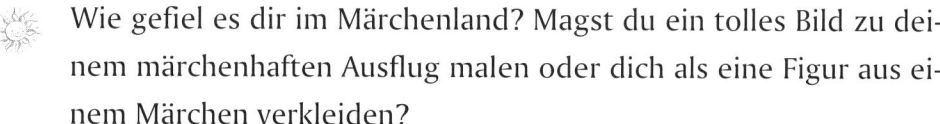 Wie gefiel es dir im Märchenland? Magst du ein tolles Bild zu deinem märchenhaften Ausflug malen oder dich als eine Figur aus einem Märchen verkleiden?

Hexentanz und Zauberei

Schließe nun deine Augen und stell dir einmal vor, du machst einen Spaziergang durch den Wald, der hinter dem Haus liegt, in dem du wohnst. Es ist ein sonniger Nachmittag und du sammelst ein paar bunte Blätter zum Basteln . . .

Während du dich hier und da nach ein paar Blättern bückst, lauschst du dem zarten Zwitschern der Vögel, die im Wald zu Hause sind . . .

»Hallo!«, hörst du eine lustige Stimme und da entdeckst du auch schon ein kleines Mädchen mit vielen Sommersprossen im Gesicht und einem lustigen schwarzen Hut.

»Hallo!«, grüßt du freundlich zurück und schaust dir das Mädchen dabei an. Es trägt eine geringelte Strumpfhose und einen schwarzen Rock. Ihre Füße sind riesig groß und stecken in schwarzen, lustigen Schuhen.
Das Mädchen grinst dich an und fragt: »Was machst du denn hier?«
»Ich sammle ein paar Blätter zum Basteln!«, antwortest du und zeigst deine Tasche, in der sich inzwischen eine ganze Menge Blätter angesammelt hat.
»Ach so«, sagt das Mädchen und scheint zu überlegen. »Brauchst du noch mehr? Dann kann ich dir welche zaubern!«
»Zaubern?«, fragst du erstaunt.
»Natürlich zaubern, was denkst du denn, wozu ich eine Hexe bin?«, und schon schwingt die kleine Hexe ihren Zauberstab und Simsalabim türmt sich vor euren Füßen ein riesiger Blätterhaufen.
»Also so viele Blätter brauch ich auch nicht!«, lachst du und staunst.
»Du hast Recht, da hab ich mich wohl ein wenig verhext. Was machen wir

denn jetzt mit dem vielen Laub?«, überlegt die Hexe und schaut dich fragend an. »Ich weiß was!«, rufst du begeistert und nimmst so viele Blätter in die Hand, wie du tragen kannst. »Wir spielen Wind!«, und hui wirfst du die Blätter hoch in die Luft. Die kleine Hexe ist begeistert. Und im Nu wirbelt ihr viele Blätter hoch und immer höher . . .

Schließlich bist du ganz außer Puste und setzt dich auf einen kleinen Blätterhaufen. »Am besten wäre jetzt eine kuschelige Decke, auf der wir es uns gemütlich machen könnten!«, sagst du verträumt.
»Kein Problem!«, findet die kleine, lustige Hexe und schwingt ihren Zauberstab . . .

Und schon liegt eine himmelblaue Decke auf dem Waldboden, auf der viele gelbe Sterne und sogar ein Mond blinken!
Gemeinsam macht ihr es euch darauf bequem. »Ach!«, stöhnt die Hexe. »Auch eine Hexe braucht gelegentlich eine kleine Pause . . .«

Ganz ruhig und entspannt liegt ihr beiden auf der zauberhaften Decke . . .
Nichts, aber auch gar nichts kann euch stören . . .

Und da spürst du, wie schwer dein Körper ist . . . Ganz schwer sind deine Arme und Beine . . . Es ist eine angenehme Schwere, die du in dir spürst . . .
Es ist, als würde von den vielen Sternen und dem Mond, die auf der Decke leuchten, wohltuende Wärme ausgehen . . . Du nimmst die strömende Wärme in dir auf . . . Warm, ganz warm ist dein ganzer Körper . . .
Während du auf der Decke liegst und in die Baumkronen hineinsiehst, bemerkst du, wie ein ganz leichter Wind die Äste und Zweige der Bäume hin und her bewegt . . . Genauso ruhig und regelmäßig, wie diese sich hin und her bewegen, fließt dein Atem . . . Ganz ruhig und gleichmäßig atmet es in dir . . .
Lass es atmen, einfach atmen . . . Vollkommen ruhig und gleichmäßig . . .

Dann fühlt ihr euch beide wieder völlig erholt und voller Kraft. »Das tat vielleicht gut!«, sagt die kleine Hexe und räkelt sich. Auch du reckst und streckst dich ausgiebig . . .

»Jetzt aber nichts wie nach Hause!«, sagst du.
»Soll ich dich auf meinem Hexenbesen heimfliegen?«, schlägt dir die kleine Hexe vor und du bist total begeistert.
So nimmst du auf dem Besen deiner kleinen Hexenfreundin Platz und los geht's durch die Lüfte . . .

Übermütig fliegt die kleine Hexe mit dir eine Schleife am Himmel, weil es ihr so viel Spaß mit dir gemacht hat . . .

. . . bis dich die kleine Hexe wohlbehalten vor deiner Haustür absetzt. »Es war schön mit dir!«, sagt die Hexe, nachdem du dich von ihr verabschiedet hast. »Das machen wir bald mal wieder, einverstanden?«
»Na klar!«, sagst du und wünschst der kleinen Hexe einen guten Heimflug . . .

Ein paar Ideen: Lass uns noch etwas zusammen machen!

- Möchtest du ein Bild malen von dem Nachmittag, den du mit der kleinen Hexe im Wald verbracht hast?
- Aus kleinen Zweigen und etwas Kordel kannst du einen kleinen Hexenbesen binden. Achte beim Binden darauf, dass du die Kordel sehr stramm ziehst, damit die kleinen Zweige nicht wieder ab- bzw. herausrutschen! Bestimmt kann dir jemand dabei helfen.

Ein Wort an die Eltern

Liebe Eltern!

Viele Kinder sind heutzutage sehr unruhig, haben Schwierigkeiten, still-zusitzen und sich zu konzentrieren. Entspannungsgeschichten, wie Sie sie hier finden, sind eine wertvolle Hilfe für Kinder, um innere Ruhe zu finden und entspannter durch den Alltag zu gehen.

Entspannung kann man lernen – aber bitte mit Geduld, viel Geduld! Die Probleme und große Unruhe eines Kindes kommen selten ganz plötz-

lich. Oft bauen sich solche Schwierigkeiten Stück für Stück auf. Sie wachsen, wenn man sie nicht stoppt oder ihnen – beispielsweise durch Entspannungsgeschichten – entgegenwirkt. Allerdings werden sich unruhige Kinder auch nicht von heute auf morgen durch solche Geschichten ändern. Es wird eine Zeit dauern, bis das Kind sich in die Entspannungsgeschichten hineinfindet, Vertrauen aufbaut und den Erfolg schätzen lernt. Deshalb die Bitte: Üben Sie mit diesen Geschichten niemals Druck aus, sondern machen Sie Ihr Kind neugierig, zeigen Sie ihm die Vorzüge auf und lassen Sie ihm Zeit – so viel Zeit, wie es braucht! Denn Sie möchten Ihrem Kind ja aus der Misere helfen und den Druck, der heutzutage auf vielen Kindern lastet, nicht zusätzlich verstärken!

Vielleicht nehmen Sie sich einen Moment Zeit und rufen Sie sich Ihren Alltag ins Gedächtnis. Wenn Sie einen Stift und Papier zur Hand haben, schreiben Sie sich doch einfach den heutigen Tagesablauf auf. Was ist alles passiert, was haben Sie getan, mit wem wurde telefoniert, haben Sie Post erhalten, mussten Sie einkaufen, kochen, waschen, putzen, gab es Termine?

Legen Sie diese Liste vor sich hin und lassen Sie diese einen Moment auf sich wirken!

Was glauben Sie, wie Ihr Kind diesen Tag empfindet? Sie als Erwachsener haben mit der Zeit gelernt, abzuschalten und bestimmte Reize einfach nicht aufzunehmen. Bedenken Sie, was allein der Einkauf in einem Kaufhaus oder Supermarkt an Reizen für ein Kind bedeutet. Sicher gibt es auch Einkäufe, die selbst auf Sie erschlagend wirken!

Planen Sie doch einen schönen Nachmittag, an dem sich alle Familienmitglieder Zeit nehmen. Bei Kakao und Kuchen besprechen Sie dann gemeinsam Ihren Alltag und überlegen, was Sie gemeinsam ändern könnten, damit mehr Ruhe einkehrt. Wie wäre es mit einem Wochenplan, der jedes Wochenende neu erstellt wird und auf dem von vornherein ersichtlich wird, wie viel Trubel in der kommenden Woche ansteht! Auf diese Weise lassen sich sicherlich einige Dinge entspannter angehen!

Planen Sie auch Zeit füreinander ein. Ich meine damit nicht nur einfach die Tage, an denen man nichts vorhat, sondern die Zeit, während der Sie tatsächlich füreinander da sind: Sie könnten mit ihren Kindern spazieren gehen, Tee trinken, reden, ein schönes Buch lesen, spielen, herumalbern oder aus Decken, Kissen und Laken eine gemütliche Höhle bauen, in der kein Anruf oder Klingeln stört . . .

Schaffen Sie sich auch im Alltag eine Insel der Ruhe. Machen Sie es sich zur Gewohnheit, jeden Tag eine Pause zum Entspannen einzuplanen, beispielsweise nach dem Mittagessen. Die kommt allen zu Gute! Solche Pausen könnten Sie beispielsweise dazu nutzen, um eine Geschichte aus diesem Buch zu lesen. Bestimmt werden Sie feststellen, dass auch Sie selbst dabei entspannen und zur Ruhe kommen.

Und hier noch einige Tipps, wie Sie und Ihr Kind mit diesen Entspannungsgeschichten am besten umgehen:

- Nehmen Sie sich ausreichend Zeit, wenn Sie Ihrem Kind eine solche Geschichte erzählen! Wenn Sie von vornherein wissen, dass Ihnen gerade mal zehn Minuten bleiben, sollten Sie es lieber sein lassen.

- Kommen Sie selber erst einmal zur Ruhe! Kinder haben feine Antennen und merken sofort, wenn Sie unter Strom stehen. Denken Sie daran, dass Ihr Kind Sie als Vorbild sieht! Achten Sie deshalb darauf, dass Sie sich selbst genug Ruhephasen gönnen!

- Tragen Sie die Entspannungsgeschichten mit ruhiger, sanfter Stimme vor, sodass sich das Kind wirklich »fallen lassen« und entspannen kann! Durch die ruhige Stimme erkennt es, dass sich diese Geschichte von sonstigen Vorlesegeschichten unterscheidet! Und achten Sie unbedingt darauf, nach jedem Satz eine kleine Pause zu machen: So hat das Kind genügend Zeit, sich das Erzählte bildlich vorzustellen. An manchen Stellen sollten die Pausen länger ausfallen; sie sind mit einem Hinweis gekennzeichnet.

- Wenn Sie sich sicher fühlen und die Geschichten gut kennen, ist es für das Kind am besten, wenn der Text von Ihnen mit eigenen Worten erzählt wird. So haben Sie die Möglichkeit, gezielt und viel besser auf die Bedürfnisse Ihres Kindes einzugehen. Wenn Ihr Kind sehr unruhig ist, können Sie die Geschichte verkürzen. Ist das Kind sehr ruhig und genießt die Entspannung, können Sie die Geschichte nach eigenen Ideen und Vorstellungen verlängern.

Geben Sie dem Kind auch Zeit, sich in die Situation einzufinden! Bevor Sie lesen, sollte das Kind in Ruhe noch einmal in sich hineinhorchen, ob es sich wirklich rundherum wohl fühlt oder ob es noch irgendetwas an seiner Lage verändern möchte. Erst danach sollten Sie mit der Geschichte beginnen!

Ist die Geschichte zu Ende, sollten Sie Ihre Stimme leicht erheben und das Kind bitten die Übung nach seinem eigenen Tempo zurückzunehmen, indem es die Hände zu festen Fäusten ballt, sich reckt und streckt, herzhaft gähnt.

Es sei denn, Sie lesen die Geschichte vor dem Einschlafen. Dabei entfällt dieses Zurückholritual. In der Regel schlafen die Kinder aber oft schon mitten in der Geschichte ein!

Nach einer Entspannungsgeschichte sollten Sie sich immer noch ein bisschen Zeit nehmen, um mit dem Kind über seine Eindrücke, Gefühle und Erlebnisse zu sprechen. Was hat ihm gefallen? Was tat besonders gut?

Häufig haben die Kinder auch noch das Bedürfnis, ein Bild zu malen, etwas dazu zu basteln. Oder genießen Sie gemeinsam diese ruhigen, harmonischen Momente, die Sie beispielsweise zu einer kindgerechten Massage nutzen könnten!

Die Autorin

Sabine Seyffert ist staatlich anerkannte Erzieherin, Entspannungspädagogin und Psychologische Beraterin sowie Autorin zahlreicher Publikationen. Sie lebt mit ihrer Familie in Wuppertal und ist seit mehreren Jahren freiberuflich tätig. Außer Entspannungskursen für Kinder, Jugendliche und Erwachsene führt sie Fortbildungsseminare für Pädagoginnen und Pädagogen im Bereich der Entspannungsarbeit mit Kindern durch.

Seit 1999 bietet Sabine Seyffert auch eine berufsbegleitende Ausbildung zum Entspannungspädagogen für Kinder an.

Wer Interesse an Veranstaltungen, Fortbildungsseminaren und der Ausbildung zum Entspannungspädagogen für Kinder hat oder wer von seinen Erfahrungen mit diesem Buch berichten möchte, kann sich gerne schriftlich und mit 4,40 DM in Briefmarken als Schutzgebühr an folgende Anschrift wenden:

Praxis für Entspannungspädagogik & Kreativität
z. Hd. Sabine Seyffert
Postfach 110523
42305 Wuppertal

Entspannungsgeschichten für Kinder

Sabine Seyffert

HEUTE REGEN, MORGEN SONNE

Eben noch ein strahlendes Lachen und gleich darauf ein Wutausbruch – wie Sonnenschein und Regenschauer liegen starke gegensätzliche Gefühle oft ganz dicht beieinander. Immer mehr Kinder und Eltern haben jedoch zunehmend Schwierigkeiten, gerade die negativen Gefühle zu bewältigen – Leistungsdruck, Reizüberflutung und der Mangel an Zeit und Ruhe lassen ihnen keinen Raum dazu. Diesen Raum schafft die Entspannungspädagogin Sabine Seyffert mit ihren Vorlesegeschichten – Geschichten, die stark machen für den Alltag!

Gebunden. Mit vielen farbigen Illustrationen von Friederike Spengler. 112 Seiten.

EDITION BÜCHERBÄR